Koreanische Märchen

herausgegeben und übersetzt
von Traute Scharf

Fischer
Taschenbuch
Verlag

Vorwort

Die Koreaner sind ein sehr lebendiges Volk, manchmal sehr schnell dabei, ihre Freude oder ihre Abneigung zu zeigen, doch ebensooft verstecken sie sich hinter der Maske asiatischer Undurchdringlichkeit. Ihre ursprüngliche Wesensart und ihre Lebensäußerungen entstammen einer Erbschaft, die von der gräko-romanischen oder angelsächsischen gänzlich verschieden ist. Die Beweggründe eines Koreaners basieren auf Konfuzianismus oder Buddhismus und auf chinesischer und japanischer Tradition.

Der Koreaner mußte sich seit Jahrtausenden in einer schwierigen Umgebung zurechtfinden. Seine Geschichte ist reich an Konflikten. Er hat es gelernt, unter härtesten Umständen zu überleben. Irgendwie — oft unverständlich für Europäer — konnte er immer wieder durchhalten: chinesische Dominierung, japanische Besetzung, Teilung des Landes.

Selbst die Jahreszeiten sind eine Herausforderung; sie bringen nach einem heißen Sommer mit großem Energie- und Arbeitsaufwand auf den Feldern einen kalten Winter, der die Menschen in die Stille der Talgehöfte verschließt. Zuerst Ruhe, dann Überschwang, wieder gefolgt von langen Winternächten mit Emotionen, Ängsten, Träumen.

Dies ist der charakteristische Jahresablauf in nördlichen Breitengraden. Und so ist der Prototyp der koreanischen Persönlichkeit ein introvertierter Mensch mit hoher emotioneller Instabilität: er genießt die Stille des Winterschlafs und stürzt sich mit Begeisterung in die Furie des Kampfes. Während er im Tanz und Trinken seine absolute Zwanglosigkeit und Gelassenheit zeigt, stellt er bei der alten Sitte des kollektiven Steinschleuderns — mit oft tödlichem Ausgang — seine Gewalttätigkeit und Brutalität zur Schau. Selbst sein Gesang zeigt das Bedürfnis, sein Gefühl deutlich zum Ausdruck zu bringen, wie man es sonst vielleicht nur bei Slawen findet. Vielleicht liegt darin die Reaktion gegen die langen Winternächte, denn die koreanischen Lieder haben eine wilde Schönheit, stark genug, um die Macht und Stille einer Schneelandschaft zu durchbrechen.

Die koreanischen Stimmen sind voll und resonant wie Glocken. Sie erzählen von dem Zauber der Landschaft, von einem dramatischen Augenblick in der Geschichte des Landes oder von der Liebe. So gewann der arme Junge Maddong, der sein Leben vom Verkauf von Ginsenwurzeln fristete, durch ein Lied – das seinen heimlichen Wunsch in Verse und Noten faßte – die Liebe und die Hand einer Königstochter.

Prinzessin Sonhoa
hegte heimliche Liebe.
Mit Maddong in enger Umarmung
ging sie unbemerkt fort bei Nacht.

Diese »Verleumdung« im schönen Reim gefiel der Prinzessin Sonhoa (im siebenten Jahrhundert) so gut, daß sie das Lied Wirklichkeit werden ließ.
Die koreanische Literaturgeschichte, die einen Zeitraum von mehr als zwei Jahrtausenden umfaßt, kennt zahlreiche Gesänge, die als Ursprung der Dichtung und der Legende bezeichnet werden: epische Gesänge, Schöpfungsmythus und Legenden, die die Schaffung der Nation und der ersten Königshäuser betreffen.
Vor mehr als vier Jahrtausenden wanderten Hirtenstämme von Zentralasien in die Halbinsel ein. Obwohl mit den Vorfahren der Chinesen und Japaner anthropologisch verwandt, hatte dieser Volksstamm einen größeren Körperwuchs und brachte auch eine eigenständige Sprache und Kultur mit.
Die Legende berichtet, daß Hwanung, der Sohn des Schöpfers, einst zur Erde herabstieg und ein schönes Mädchen entdeckte, das soeben aus einem Bär in ein menschliches Wesen verwandelt worden war. Sie gebar ihm seinen Sohn Tangung, der der erste König von Korea wurde und bis zu dem Jahre 1122 v.Chr. regiert haben soll. Er nannte sein Reich »Chosen«, »das Land des ruhigen Morgens« – so die wörtliche Übersetzung, jedoch in der Bedeutung »Land des schönen Morgens«. Sein Nachfolger Kija nannte Korea »Kija-Chosen«; doch diese Periode ist selbst unter Historikern umstritten und tief in Sage und Legende verhaftet.
Erst viel später folgte die geschichtlich erforschte Sillaperiode (von der zweiten Hälfte des ersten Jahrhunderts

n.Chr. bis etwa 800). Die Paeksche- und Koguryo-Reiche wurden zwischen 500 und 600 n. Chr. in Silla einverleibt, das wieder um 800 von Koryo abgelöst wurde. Blutige Machtkämpfe innerhalb des Landes und kontinuierliche Invasionen von Nord und Süd bestimmten die Geschichte. Legende und Historie sind eng verknüpft, und die Trennungslinien sind nur schwer zu ziehen. Es gibt zahllose koreanische Geschichten, die mit »historischen Phantasien« verwoben sind und die Traditionen und Sitten aller Zeitalter der Halbinsel reflektieren.

Einer der größten koreanischen Feiertage ist »Chusok«, das Mondfest, am fünfzehnten Tage des achten Monats (nach dem Mondkalender). In der Stadt und insbesondere auf dem Lande genießt jeder Koreaner diesen Festtag mehr als jeden anderen Feiertag: denn nach einem halben Jahr harter Arbeit in den feuchten Reisfeldern ist dies gerade die richtige Zeit, um zu ruhen.

Es ist auch die goldene Zeit des Jahres für die Bauern, denn zu diesem Zeitpunkt werden sie reich. Mütter schneidern neue Kleider für ihre Familien, und Väter gehen in nahe Dörfer, um hübsche Dinge für Frau und Kinder zu kaufen.

Gleichzeitig ist dieser Tag das koreanische Erntedankfest. Man bereitet besondere Speisen, um den Ahnen Opfer zu bringen und Dank für eine gute Ernte auszudrücken. »Songpyon« ist die Spezialität des Tages; eine Art Reiskuchen mit süßer oder salziger Bohnenpastete gefüllt. Dieser Kuchen wird mit Kiefernnadeln gedämpft.

Dorfkinder vergleichen stolz ihre neuen Kleider, versammeln sich unter Kastanien- oder Nußbäumen, während ihre Väter und Großväter Besuche abstatten und sich zu dem Danksageessen niederlassen. Am Abend, mit dem Aufsteigen des Vollmondes, beginnt das Märchenerzählen auf den Veranden oder unter den Bäumen im Garten. Während sie den Mond betrachten, hören die koreanischen Kinder das berühmte Märchen von den »Geschwistern Sonne und Mond«. Und nicht zuletzt wegen dieser Legende wird der größte Feiertag der Koreaner das »Mondfest« genannt.

Ein anderer Höhepunkt im koreanischen Leben ist das Schwing- und Schaukelfest. In alten Tagen gehörte der Tag ausschließlich den Männern und die Nacht den Frauen. So mußten alle Männer zwischen den Tönen der Abendglokken und dem Glockenspiel, das die Dämmerung ankündigte, die Straßen verlassen, die dann von den Frauen in Besitz genommen wurden. Das Schaukelfest entstand, um es den Frauen zu ermöglichen, einmal im Jahr ihre Spiele während des Tages und bei Sonnenschein zu genießen. Dieses Fest fällt auf den fünften Tag des fünften Monats des Mondkalenders.

Obwohl das Ausgehverbot schon seit langem abgeschafft ist, wird das Schaukelfest noch im ganzen Land gefeiert. Die Schaukel wird an einem Ast eines großen Baumes außerhalb des Dorfes aufgehängt. In den Städten werden zwei lange Masten – oft zehn Meter hoch – an einer freien Stelle errichtet, an denen ein trapezförmiges Schaukelbrett befestigt ist. Das Schaukelspiel war ursprünglich ausschließlich den Frauen vorbehalten, als jedoch die Schaukel höher und das Spiel gefährlicher wurde, übernahmen es auch die Männer.

Schaukeln wird in Korea als sehr romantisch empfunden. Es ist auch schön, ein Mädchen in fröhlichen Farben vergnügt unter einem großen, alten Baum schaukeln und mit ihrem Freund plaudern zu sehen, der neben dem Baumriesen steht und die Schaukel stößt, wann immer sie zu langsam schwingt. Das Schaukeln hat viel Romantik in die Herzen der jungen Koreaner getragen. Von allen Romanzen, zu dem das Schaukelspiel Einleitung war, ist die Geschichte von der »Kisäng« »Duftender Frühling«, die schönste, die jeder Koreaner kennt.

Was ist eine Kisäng? Am Ende der Koryo-Epoche, im 14. Jh., bestand ein System von Hofkisängs: jungen Damen, die König und hohe Staatsbeamte mit Musik und Tanz unterhielten. König Täjo, der Begründer der Yi-Dynastie, übernahm die Einrichtung der Kisängs, als er Seoul vor etwa sechs Jahrhunderten zur Hauptstadt Koreas machte.

Die Kisängs hatten ihr Vorbild in den singenden und spielenden »Hostessen« des alten China. Sie fanden bei den tanzliebenden und sangesfreudigen Koreanern viel Gefallen und später auch bei den Japanern, die aus ihnen die Geisha, die »vollendete Person«, entwickelten.

Die Erziehung der Kisängs umfaßte Tanz, Gesang, Literatur, Spielen von Musikinstrumenten und Abfassen von Gedichten. Großer Wert wurde auch auf die Verfeinerung der Umgangsformen gelegt, so daß eine Kisäng eine Verbindung von »kultivierter Gastgeberin« und »charmanter Dienerin« war, – eine unbekannte Verbindung im christlichen Okzident. Die Kisängs gehörten zu den besterzogenen Frauen des Fernen Ostens und waren oft Gefährtinnen von Künstlern, Gelehrten oder Landesherren.

Neben den Kisängs ist der Pferdehaarhut eine Besonderheit Koreas, die man in keinem Nachbarland kennt und die eines der vielen Zeugnisse der Eigenständigkeit der koreanischen Kultur ist. Der Pferdehaarhut wurde von den Koreanern seit vielen Generationen getragen. Gegenwärtig hat er seine Bedeutung als Zeichen von Rang und Würde verloren, wird jedoch noch immer als Würdesymbol für das Alter betrachtet. Selbst heute kann nicht »irgendwer« einen koreanischen Pferdehaarhut tragen. Die Sitte will es, daß er älteren Männern vorbehalten ist.

Die Form des Hutes wurde vor vielen hundert Jahren bestimmt, als jeder koreanische Mann sein Haar als Knoten auf dem Scheitel seines Kopfes trug. Darüber saß der innere Hut, der aus grob gewebtem Roßhaar gemacht war und der genau über den eigenen Haarknoten paßte und das Haar in Form hielt. Über diese Kopfbedeckung wurde der verhältnismäßig weitrandige Hut gesetzt und mit langen schwarzen Bändern festgebunden, wenn der Träger sein Haus verließ.

Eine Legende berichtet vom Ursprung des koreanischen Hutes: In alten Tagen waren Verschwörungen häufig. Um diese zu vermeiden, wurde ein Edikt erlassen, das alle Yangbans (Edelleute) zwang, weitrandige Hüte aus Steingut zu tragen, die etwa die Größe eines Regenschirmes hatten. Dieses Gesetz war sehr verhaßt, denn abgesehen von dem Gewicht der Hüte konnten nur wenige Männer nahe zusammenkommen, um Gespräche zu führen, und sogar dann konnten Spione ihr notwendig lautes Wispern hören. Allmählich wurde das Gesetz mehr und mehr übertreten, bis die Männer auf die luftige Struktur des Pferdehaars und Seide kamen.

Eine andere Geschichte berichtet, daß allzuoft zwischen rivalisierenden Gruppen Privatfehden herrschten und daß

deshalb alle Männer gezwungen wurden, Regenschirmhüte zu tragen. Würde ein Hut gebrochen, sollte sein Träger enthauptet werden. Natürlich wurden die Kämpfe und Streitereien eingestellt, und die Männer waren sorgsam um ihre Hüte bedacht – bis das Gesetz aufgehoben wurde.
Nur auf dem Hintergrund der Bedeutung eines Pferdehaarhutes als Statussymbol im alten Korea und der Notwendigkeit, diese Kopfbedeckung auf einen Haarknoten aufzusetzen, kann man das Verhalten des Statthalters verstehen (vgl. Der Statthalter, der seine Wette verlor), der es vorzieht, schmählich seine Wette gegen eine kluge Frau zu verlieren, als gezwungen zu sein, seinen Haarknoten abzuschneiden.
Kisängs und Pferdehaarhut sind nur zwei der vielen Besonderheiten, die sich völlig im Einflußbereich des Orients entwickelten. Mit der westlichen Kultur kam Korea erst seit der zweiten Hälfte des 19. Jhs. in Berührung, wenn man von missionarischen Bemühungen absieht. Es gibt wohl einen geschichtlich hochinteressanten Bericht über die holländische Mannschaft des schiffbrüchigen Seglers ›Sparrow Hawk‹ aus der Mitte des 17. Jhs. und die wunderlichen Abenteuer der Seeleute in einem unbekannten Land, in dem sie dreizehn Jahre teils wie Gefangene oder Bettler, aber auch als Gäste des Königs von Korea lebten. Ihre Gebräuche jedoch und ihr technisches Können hatten nicht den geringsten Einfluß auf die Koreaner, die über ihre kontinuierlichen Fluchtversuche und Petitionen um mehr Kleidung und Nahrung während einer Hungersnot nur erbost waren. Nicht zuletzt war es dem Wohlwollen des koreanischen Königs Hvojong zu danken – der als Kronprinz Sohyon in der Mandschurei von 1636 bis 1644 als Geisel gefangengehalten wurde und deshalb Fluchtversuche nicht so sehr mißbilligte wie seine Ratgeber – daß die holländischen Seeleute so lange am Leben blieben, bis ihnen die Flucht gelang. Jedoch außer Chronikberichten und Protokollniederschriften am Königshof hat ihr Leben von mehr als einem Jahrzehnt in dem Land keinen Niederschlag gefunden.
Der Haupteinfluß auf die koreanische Kultur ging von China aus; einem Land ganz anderer Art, mit einem anderen Menschenschlag – reifer, geistig verfeinerter, seelisch aus-

geglichener, fleißig und geschickt in seiner Arbeitsweise. Menschen mit dem reichen Temperament der Koreaner konnten die chinesische Kultur nicht mit natürlicher Gelassenheit aufnehmen. Dieser Kulturkreis war zu rationell, zu formell und emotionell zu kalt. Die Koreaner wollten Pfeffer und Kimschi – eine Art Sauerkrautgewürz – zu ihrem Reis, wenn sie ruhig sitzen sollten.

China gab jedoch seine reiche Kultur nicht ohne Gegengabe ab; wenn auch die koreanischen Einflüsse auf die chinesische Kultur nur schwer zu spezifizieren sind, so sind doch einige von ihnen unverkennbar. Ihre höchste Vollendung wurde in der Celadon-Keramik erreicht, die sogar von China bewundert wurde. So ist es verständlich, daß die Maler der koreanischen Halbinsel schon sehr früh ihren unabhängigen eigenen Stil gefunden haben. Koreanische Künstler haben sich niemals zu sklavischen Nachahmern traditioneller Kunstformen stempeln lassen. Der Drang zum persönlichen Ausdruck findet sich in der koreanischen Kunst immer wieder.

In Japan haben sich die koreanischen Einflüsse auf Kunst und Religion konzentriert. – Der Buddhismus kam vor etwa 1500 Jahren über Korea nach Japan und hat wahrscheinlich mehr als in irgendeinem anderen Land den Stil des täglichen Lebens geprägt. Die Chinesen waren zu rational, um den Buddhismus so vollständig aufzunehmen wie die Japaner. Die Koreaner hingegen waren nicht rational genug für eine vollständige Aufnahme der Lehre Buddhas.

Die Übertragung kunsthandwerklicher Techniken von China über Korea nach Japan folgte unmittelbar auf die Übernahme des Buddhismus durch die Japaner: Metall- und Lackarbeit, Papierherstellung, Töpferei, Holzschnittdrukkerei, aber auch die Tempelarchitektur wurde von Japan zwischen 500 und 800 nach der Zeitenwende übernommen.

Wenn man die koreanische Kultur mit der ihrer Nachbarländer vergleicht, so zeigt sich die Verwandtschaft mit China am deutlichsten im Bereich der materiellen Kultur, in den sozialen Einrichtungen und in der intellektuellen Denkweise. Dagegen ist die Verwandtschaft mit Japan trotz langer historischer Beziehungen zwischen den beiden

Ländern geringer. In der Ästhetik hingegen steht der Koreaner dem Japaner am nächsten.
Überraschend für den Europäer ist die Ähnlichkeit des koreanischen Menschen mit Völkern nördlicher Breitengrade wie z. B. der Mandschurei, sowohl in ihrer Persönlichkeit als auch in ihrem Temperament: die Motive für Schmerz und Freude zeigen verwandte Züge.
Man kann die Unterschiede – vereinfacht – etwa wie folgt charakterisieren: die chinesische Kultur ist im Intellektuellen begründet und spiegelt Einheit zwischen Mensch und Natur wider, die japanische Kultur basiert auf dem Zeremoniellen und der Ein- und Unterordnung des Menschen in ein hierarchisches System; und der Norden Asiens ist gekennzeichnet durch Vitalität und Eigenständigkeit, welche sich weniger dem historisch Überlieferten unterwirft. So hat Korea, trotz seiner geographischen Lage zwischen dem »Reich der großen Mitte« und dem »Reich der aufgehenden Sonne« seine eigenständige Kultur und als eine Äußerung davon seine eigene Literatur und eine eigene Märchenwelt geschaffen, die sich auch in spezifischen Wünschen und Zielen von den Nachbarländern abhebt.
Der koreanische Märschenschatz, der erst seit dem Ende des Ersten Weltkrieges systematisch aufgezeichnet wurde und bis zu diesem Zeitpunkt nur auf mündlicher Überlieferung beruhte, hat seinen Helden eine sehr hohe Motivation und Zielstrebigkeit bei großer Individualität zugeschrieben. Wenn man einen Maßstab oder auch nur Richtlinien für die Wünsche und Ziele eines Volkes sucht, dann verläßt man sich am besten auf Märchen, die diese Aspirationen und Gefühle der Menschen reflektieren und auch beeinflussen.
Es ist kein Zufall, daß das Märchen von Choonhyang, dem Mädchen namens »Duftender Frühling«, die berühmteste und verbreitetste koreanische Geschichte ist. Die beiden Hauptgestalten, Choonhyang und Yi Doryung, wurden von jung und alt, von Männern und Frauen aller sozialen Schichten in Korea als Ideal betrachtet. Es ist die Geschichte von zwei Menschen, die sich nicht scheuen, Verantwortung und Risiken auf sich zu nehmen: sie gehen heimlich eine Ehe ein, die gegen Sitte und Herkommen verstößt, weil sie verschiedenen sozialen Klassen angehören. Beide sind flexible und offene Menschen, die sich über Bekanntes hinaus-

wagen, neue Lösungen suchen und sich nicht mit althergebrachten Vorschriften abfinden.

Auch angesichts von Gefahr, Widerwärtigkeit, Folter und Gefängnis bleiben sie ihrer schrankenlosen Liebe unbeirrt treu. Die beiden sind das Symbol für Loyalität, eheliche Treue und Liebe, Integrität, unbeeinflußbar von äußeren Umständen. Beide Helden streben nach Selbstrealisierung, zur vollen Entfaltung ihrer Persönlichkeit. Choonhyang, indem sie ihrem Ehegemahl treu bleibt und die ideale Gefährtin und Mutter wird; Yi Doryung, indem er über soziale Barrieren hinweg seine Frau findet und zu seiner großen Liebe erwählt, die am besten zu seiner Persönlichkeit paßt, und als Amhägusa – Gesandter des Königs – Gerechtigkeit und Recht durchsetzt.

»Yennal Yejokä« ... »es war einmal«, in alten Tagen, vor langer, langer Zeit, ... ist nicht nur die magische Formel, die eine unbekannte Märchenwelt eröffnet; das Märchen vermag auch zu erklären, wieso sich der Koreaner in einer modernen Welt bewähren und durchsetzen kann, ohne die Eigenständigkeit seiner Persönlichkeit und Kultur zu verlieren.

Das Mädchen »Duftender Frühling«

Vor langer, langer Zeit lebte ein hoher Staatsbeamter in der Stadt Namwon in der Provinz Cholla. Er hatte einen Sohn, Yi Doryung, der war in der hohen Dichtkunst sehr begabt und hatte einen liebenswerten Charakter.

An einem besonders schönen Morgen rief Yi Doryung seinen Diener und bat, an eine schöne Stätte geführt zu werden, wo er wilde Blumen finden könne. Der Diener Bangja geleitete seinen Herrn zu einem Sommerpavillon, nahe der »Milchstraßen-Brücke«. Diese Brücke war so benannt, weil der Fluß, den sie überquerte, so schön war, wie die Milchstraße an der Stelle, wo sich die beiden himmlischen Liebenden, das »spinnende Mädchen« Vega, und der Hirtenknabe Altair einmal im Jahr treffen. – Der Ausblick von der Brücke war unbeschreiblich schön.

Als Yi Doryung rings auf die Hügel blickte, sah er ein junges Mädchen auf einer Schaukel schwingen, die an den Ästen eines Baumes befestigt war. Er schickte seinen Diener zu der Magd des schönen Mädchens und erfuhr, daß sie den Namen Choonhyang, »Duftender Frühlung«, trug und die Tochter einer Kisäng war. Es war sehr schwierig, sie anzusprechen, denn sie war nicht nur ein schönes, sondern auch ein tugendhaftes Mädchen.

Der Diener ging jedoch trotzdem zu »Duftender Frühling« und sagte zu ihr, daß sie sein Herr gerne sehen möchte und sie einlade, zu ihm zu kommen.

»Weißt du nicht, daß der Schmetterling die Blume suchen muß, die Gänse die See, und die Krabben ihre Wohnstätte?« antwortete Choonhyang lächelnd.

Der Diener brachte diese Antwort zu seinem Herrn; der war sehr unglücklich darüber, und so ging er näher, um mehr von dem Mädchen und ihrer Schönheit zu sehen. Sie war wirklich außergewöhnlich schön, der Wind blies ihr schwarzes Haar mit dem langen Seidenband über ihr rosiges Gesicht.

»Das Glück ist mir heute hold; warum sollte ich bis morgen warten. Soll ich nicht jetzt auf der Stelle dieses schöne Mädchen ansprechen?« fragte sich Yi Doryung.

Doch da bemerkte das Mädchen, daß es beobachtet wurde; sie sprang erschrocken von ihrer Schaukel, strich ihr Kleid glatt und lief zu ihrem Haus. Sie verweilte einen Augenblick unter einem Pfirsichbaum an ihrem Gartentor, pflückte eine Blüte, küßte sie mit Lippen, die röter als die Blume waren, und war verschwunden.

Der Diener bat seinen Herrn, schnell nach Hause zu gehen, damit sein Vater nichts von dem Abenteuer erführe. Auch fürchtete er bestraft zu werden, weil er den Sohn so weit fortgeführt hatte. Der Jüngling ging wie in einem Traum nach Hause. Er aß still mit seinen Eltern das Abendbrot. Nach dem Mahl ging er in sein Zimmer, zündete eine Kerze an und öffnete ein Buch. Doch die Worte verschwammen vor seinen Augen, und jedes Wort und jeder Buchstabe wurde zu »Frühling« und »Duft«.

Yi Doryung rief seinen Diener und sagte zu ihm: »Ich muß noch heute nacht Choonhyang sehen. Sagte sie nicht, der Schmetterling müsse die Blumen suchen?«

Sie gingen zum Haus von »Duftender Frühling« und warteten unter dem Pfirsichbaum in ihrem Garten. In diesem Augenblick erzählte Choonhyangs Mutter ihrer Tochter einen seltsamen Traum, den sie gerade geträumt hatte. Ein blauer Drache umwand Choonhyang und flog mit ihr in den Himmel.

Als die Mutter aufblickte, sah sie anstelle des Drachens in den Wolken einen Drachen auf der Erde; denn ihr Blick fiel auf Yi Doryung, dessen Name nichts anderes bedeutet als »Traum-Drachen«. Der trat auf die Mutter zu und bat um die Hand von Choonhyang. Die alte Frau dachte, daß ihr Traum auf diese Weise wahr würde und stimmte freudig zu. Sie sagte jedoch:

»Du bist der Sohn eines Edelmannes, und Choonhyang ist nur eine Tochter des Volkes; deshalb kann keine formelle Heirat geschlossen werden. Doch wenn du uns eine geheime Heiratsurkunde gibst und versprichst, meine Tochter nie zu verlassen, sind wir zufrieden.«

Yi Doryung ergriff eine Feder und schrieb folgende Zeilen: »Das blaue Meer möge zu einem Maulbeerfeld werden und das Maulbeerfeld zur blauen See; mein Herz für Choonhyang aber wird sich niemals ändern. Himmel und Erde und alle Götter mögen Zeugen sein.«

In dieser Nacht träumten sie von Madarinenten, dem Symbol für glückliche Liebe in einem Ehebund. Yi Doryung besuchte seine heimliche Frau sehr oft, bis sie ihn schalt und ermahnte, zu Hause zu bleiben und fleißig zu studieren, um ein hoher Staatsbeamter zu werden.

Eines Tages brachte ihm sein Diener einen Brief mit der Nachricht, daß sein Vater in die Hauptstadt Seoul ins Kabinett des Königs berufen worden sei. Yi Doryung mußte seinen Vater begleiten. Er ging zu seiner Frau und sagte ihr, daß sie sich trennen müßten. Zärtlich nahm er Abschied von Choonhyang, die ihn bis zur »Milchstraßen-Brücke« begleitete.

»Da es keinen anderen Ausweg gibt, wollen wir uns umarmen und voneinander scheiden«, sagte Choonhyang und schlang ihre Arme um den Hals ihres Liebsten. Dann gab sie ihm einen Ring und sprach: »Dies ist das Pfand meiner Liebe zu dir. Bewahre es gut, bis wir uns wiedersehen. Gehe in Frieden, jedoch vergiß mich nicht. Ich werde dir treu bleiben und hier warten bis du zurückkehrst und mich nach Seoul holst.« –

Der neue Richter für Namwon kam bald und forderte in seinen ersten Worten von seinem Diener:

»Zeigt mir das hübsche Mädchen, von dem ich gehört habe. Ihr Name ist Choonhyang. Bring sie zu mir.«

»Das ist nicht so einfach«, antwortete der Diener, »denn sie ist heimlich mit Yi Doryung, dem Sohn des früheren Richters verheiratet.«

Der neue Richter befahl, nun schon sehr zornig, das Mädchen sofort zu rufen. Choonhyang begleitete den Diener des Richters, da es unmöglich war, diesem Befehl nicht nachzukommen. Der Richter sah sie aufmerksam an:

»Ich habe viel von dir in Seoul gehört, und heute sehe ich, daß du sehr schön bist. Willst du zu mir kommen?«

Nach langem Schweigen antwortete Choonhyang: »Ich bin mit Yi Doryung heimlich verheiratet, deshalb kann ich nicht leicht antworten. Der König sandte Euch nach Namwon, um dem Volk zu dienen. Ihr habt eine große Verantwortung gegenüber dem Thron. Wenn Euch der König jedoch mit dem einzigen Zweck hierher gesandt hat, mich zu treffen, so muß ich diesem Befehl gehorchen. Aber Ihr wür-

det besser Eure Pflichten erfüllen und Gerechtigkeit nach den Gesetzen walten lassen.«
Diese Worte erregten den Zorn des Richters, und er befahl, Choonhyang ins Gefängnis zu werfen. Vergeblich versuchte sie, sich zu verteidigen: »Warum werde ich eingesperrt? Ich habe kein Unrecht begangen. Eine verheiratete Frau muß ihrem Ehegemahl treu bleiben. Wenn der König von einem Usurpator abgesetzt würde, würdet Ihr dann dem falschen Herren dienen?«

Mittlerweile war Yi Doryung in der Hauptstadt Seoul angekommen. Er studierte sehr eifrig und lernte alle berühmten chinesischen Klassiker und Gedichte kennen. Er schrieb seine Aufsätze so hervorragend, daß er die Prüfung mit höchster Auszeichnung bestand. Der König fand Gefallen an ihm und bewunderte seine Begabung. Er beglückwünschte ihn und fragte den jungen Mann:
»Ich werde dir geben, was auch immer du dir wünschst. Möchtest du lieber Richter oder Statthalter werden?«
»Ich möchte gerne zum Usa, einem Gesandten Eurer Majestät, ernannt werden«, antwortete Yi Doryung.
So wurde er zum Usa ernannt, und mit seinen Begleitern zog er als Bettler verkleidet durch das Land und fragte nach den Nöten des Volkes, um die Verwaltung in den einzelnen Bezirken zu überprüfen. Bald kam er in der Nähe von Namwon zu einem kleinen Dorf, wo die Bauern Reis anpflanzten. Während der Arbeit sangen sie traurig: »Wir kommen in die sengende Hitze heraus, pflügen unsere Felder, säen unsere Saat und lassen den Reis wachsen. Wir müssen Tribut an den König entrichten, einen Teil den Armen geben, einen Teil den Wanderern, die an unsere Tür klopfen, und schließlich brauchen wir auch Geld, um unseren Ahnen Ehre zu erweisen. Das wäre alles zu ertragen, wenn nur der neue Richter uns nicht in jeder erdenklichen Art aussaugen würde, daß uns kaum etwas zu essen bleibt.«
Yi Doryung hörte aufmerksam zu, kam näher und fragte: »Ich habe gehört, daß der Richter von Namwon Choonhyang geheiratet hat und daß beide glücklich zusammenleben.«
»Wir kannst du es wagen, so zu sprechen! Choonhyang ist treu und rein, und du bist ein Narr, so niederträchtig von

ihr und diesem Tyrannen zu sprechen, der zu ihr so grausam ist. Der Sohn des früheren Richters hat das arme Mädchen verführt und sie dann verlassen, um nie wieder zurückzukommen. Er ist ein Hund, der Sohn eines Schweines!«

An einer anderen Stätte führten einige Gelehrte ein Gespräch. Wieder hörte Yi Doryung ihren Worten aufmerksam zu.

»Über die glänzende und schöne Sonne
gleitet eine häßliche Wolke,
alles auf Erden ist traurig.
Diese Wolke ist wie ein Habicht,
der sich seine Beute unter den Armen sucht.

»Diese Tage sind traurige Tage! Ich habe gehört, daß eine junge Frau namens Choonhyang in zwei oder drei Tagen hingerichtet werden soll« . . .

»Oh! Dieser Richter ist ein Schurke, er denkt nur an Choonhyang, aber sie ist wie eine Pinie oder wie ein Bambus, der sich niemals wandelt, und sie bleibt ihrem Ehemann ergeben und treu.«

»Sie war mit dem Sohn des früheren Richters verheiratet. Was für ein Schwein doch dieser Sohn ist! Er hat das arme Mädchen verlassen . . .«

Diese Worte ließen Yi Doryung besorgt und beschämt nach Namwon eilen.

Choonhyang war nun schon lange im Gefängnis – immer treu im Andenken an Yi Doryung –, und sie war schwach und krank geworden. Eines Tages hatte sie einen Traum: Sie sah ihr Haus und alle Blumen, die sie gepflanzt und geliebt hatte, welkten dahin und ließen die Blätter fallen. Der Spiegel in ihrem Zimmer war zerbrochen; ihre Schuhe hingen am Balken über der Tür. – Sie hielt einen blinden Mann auf, der zufällig am Fenster ihres Gefängnisses vorbeikam, und bat ihn, den Traum zu deuten.

»Ich werde dir sagen, was dies bedeutet: Die vertrockneten Blumen werden Früchte tragen, das Geräusch des zerbrochenen Spiegels wird man in aller Welt hören, die Schuhe an deinem Türbalken weisen darauf hin, daß dich viele Menschen besuchen werden, um dir Ehre zu erweisen und dich zu beglückwünschen.«

Choonhyang dankte dem Blinden und bot ihm Geld an, das er mit der rechten Hand verweigerte, aber verstohlen streckte er seine Linke aus, um die Gabe zu empfangen.

Der Richter rief an diesem Tag seine gesamte Dienerschaft zusammen und gab folgende Anweisungen: »In drei Tagen werde ich ein großes Fest feiern, zu dem ich alle Richter aus den umliegenden Städten einladen werde. Und an diesem Tag soll Choonhyang hingerichtet werden.«
Yi Doryung kam in der Zwischenzeit in der Stadt an und ging zu dem Haus von Choonhyang, wo ihn ihre Mutter nicht erkannte.
»Ich weiß nicht, wer du bist«, sagte sie. »Dein Gesicht erinnert mich an Yi Doryung, jedoch dein Gewand ist das eines Bettlers.«
»Ich bin Yi Doryung«, sagte der Bettler.
»Ah! Jeden Tag haben wir auf deine Rückkehr gewartet, doch nun wird Choonhyang in drei Tagen tot sein.«
»Höre, Mutter«, antwortete Yi Doryung, »selbst wenn ich nur ein elender Bettler bin, so liebe ich Choonhyang doch aus ganzem Herzen und möchte sie sehen.«
Die Mutter führte Yi Doryung zum Gefängnis und klopfte an das Fenster der Zelle, um ihre Tochter zu wecken, die gerade vor Erschöpfung eingeschlafen war. Als Choonhyang erwachte, fragte sie sofort, ob irgend jemand Yi Doryung gesehen oder von ihm gehört habe. Die Mutter antwortete, daß anstelle von Yi Doryung ein Bettler gekommen sei, der vorgab, ihr Mann zu sein. Yi Doryung kam zum Fenster, und Choonhyang sah ihn an. Sogleich streckte sie ihre Hände wie im Fieber durch das Fenster und ergriff seine Hände.
»Auch wenn ich das Gewand eines Bettlers trage«, sagte Yi Doryung, »so habe ich weder das Gesicht noch das Herz eines Bettlers.«
»Liebster«, sagte Choonhyang, »geh mit meiner Mutter in mein Haus zurück und ruh dich von deiner langen Reise aus. Da ich doch morgen nach dem Fest sterben muß, wünsche ich von ganzem Herzen, daß du noch einmal zu meinem Fenster kommst, so daß ich die Freude habe, dein liebes Gesicht noch einmal zu sehen, bevor ich sterbe.«
Yi Doryung blieb die Nacht vor dem Gefängnis. Am näch-

sten Morgen, als die Mutter wieder zu Choonhyang kam, war er bereits fortgezogen, um seine Diener zu versammeln, die alle wie er als Bettler verkleidet waren. Er gab ihnen für diesen Tag strenge Anweisungen.

Als der Richter seine Gäste empfing, gelang es Yi Doryung in den Hof des Palastes einzudringen und sogar den Gastgeber anzusprechen: »Ich bin ein armer Mann«, sagte er, »und ich bin hungrig. Gebt mir doch etwas zu essen.« – Aber der zornige Richter befahl seinen Dienern, den Eindringling sofort hinauszuwerfen.

Yi Doryung kehrte jedoch in den Garten des Palastes zurück, indem er auf den Schultern seiner Diener über die Mauer kletterte. Der Richter von Unbong saß gerade hier. Yi Doryung ging auf ihn zu und fragte: »Ich bin hungrig, könnt Ihr mir nicht etwas zu essen überlassen?« Der Richter rief eine der Kisängs herbei und befahl ihr, dem Bettler Nahrung zu bringen.

Hierauf sagte Yi Doryung zu dem Richter: »Ich bin Euch zu Dank verpflichtet, weil Ihr mir Speise und Trank habt bringen lassen; und ich möchte es Euch mit einem kurzen Gedicht vergelten.« Darauf überreichte er ihm ein Papier, auf dem folgende Verse geschrieben standen:

Dieser gute Wein in goldenen Gefäßen
ist das Blut von tausend Menschen.
Dieses herrliche Fleisch auf den Jadetischen
ist Fleisch und Mark von zehntausend Leben.
Wenn das Wachs von den Kerzen tropft,
die in dieser Bankettalle brennen,
dann fließen Tränen von den eingesunkenen
Augen des hungrigen Volkes.
Viel lauter als die lärmenden Gesänge dieser Höflinge
klingen die Klagen der unterdrückten Bauern.

Der Richter rief in großer Aufregung: »Dieses Gedicht ist gegen uns gerichtet!« und er gab das Dokument dem Gastgeber, der fragte, wer es geschrieben habe. »Dieser junge Bettler hier«, sagte der Richter und zeigte auf Yi Doryung. Er war voller Angst und dachte, wer solche Gedichte schreibt, muß mehr als ein gewöhnlicher Bettler sein. So stand er auf, gab wichtige Geschäfte vor und wollte sich heimlich entfernen.

Auch die anderen Beamten sprangen, von der gleichen

Angst getrieben, auf und verließen einer nach dem anderen den Saal. Doch jeder von ihnen, der versuchte, den Palast zu verlassen, wurde von den Dienern Yi Doryungs aufgehalten, die auf Befehl des »Gesandten des Königs« handelten. Die Beamten begriffen sehr schnell, daß der Gesandte der Bettler sein mußte, der das Gedicht verfaßt hatte.

Dann befahl Yi Doryung seinen Dienern, Choonhyang zu holen, damit über sie Gericht gehalten werde.

»Der Gesandte des Königs hat nach dir geschickt. Er wird deinen Fall anhören und über dich das Urteil sprechen.«

Tief erschrocken murmelte Choonhyang: »Oh, das wird mein letzter Weg sein. Darf ich noch einmal meine Mutter sehen?«

Choonhyangs Mutter lief zu ihrer Tochter. »Mutter, nun kommt meine Todesstunde heran. Wo ist Yi Doryung?«

»Beeil dich«, riefen die Büttel, »der Gesandte des Königs kann nicht so lange warten.«

Sie befreiten sie von ihrem hölzernen Block und brachten sie vor den Gesandten des Königs. Dieser saß hinter einem Wandschirm, verhörte sie und sagte schließlich:

»Wenn du den Richter nicht liebtest, wirst du mich, den Gesandten des Königs, lieben? Weigerst du dich, werde ich meinen Leuten befehlen, dich auf der Stelle zu enthaupten.«

»O weh!« rief Choonhyang. »Wie unglücklich ist das arme Volk in diesem Lande! Zuerst die Ungerechtigkeit des Richters, dann Ihr, Gesandter des Königs, der Ihr das unglückliche Volk beschützen sollt –, Ihr verurteilt ein unglückliches Mädchen, das Ihr begehrt, sofort zum Tode. Oh, wir sind ein armes Volk. Die Frauen sind schwach und unglücklich.«

Yi Doryung gab Befehl, die Ketten zu lösen, die die Hände Choonhyangs fesselten.

»Nun hebe dein Haupt und blicke mich an.«

»Nein«, antwortete sie entschlossen, »ich werde Euch nicht anblicken, ich werde nicht auf Euch hören. Schneidet meinen Körper in Stücke, wenn Ihr wollt, doch ich werde Euch niemals gehören.«

Yi Doryung war sehr glücklich über ihre Standhaftigkeit und Treue. Er nahm seinen Ring vom Finger und befahl einem Höfling, Choonhyang den Ring zu zeigen. Sie er-

kannte das Schmuckstück, das sie Yi Doryung einst gegeben hatte; sie erhob ihre Augen und erkannte ihren geliebten Mann.
»Oh«, rief sie in Freude und Überraschung, »gestern war mein Liebster nur ein Bettler und heute ist er der Gesandte des Königs.«
Yi Doryung gab Anweisung, eine Sänfte zu bringen, und sorgte dafür, daß Choonhyang sicher nach Hause gebracht wurde. Das Volk sang vor Freude und jubelte Choonhyang und Yi Doryung immer wieder zu.
Dann befahl Yi Doryung den Richter von Namwon, vor ihm zu erscheinen, und er sagte zu ihm:
»Der König hat dir befohlen, das Volk gut zu nähren. Du jedoch nährtest dich vom Volk. Ich verurteile dich im Namen des Königs: du verlierst dein Amt; deine Güter, die du gestohlen hast, werden eingezogen, und zum Wohle deines Magens wirst du auf eine ferne Insel verbannt, ohne Fleisch, ohne Wein und ohne Freunde. Ich ermächtige dich, das wilde Gras zu essen, bis sich dein Magen übergibt.«
Yi Doryung führte seine schöne Braut aus dem Süden nach Seoul und schrieb die Geschichte von Choonhyang als Nachwort zu seinem Bericht an den König. Der Monarch las das Dokument aufmerksam und war erstaunt, solche Treue in einem Mädchen vom Lande und niedriger Geburt zu finden. Er verlieh ihr den Titel einer Herzogin und sagte, daß die Treue von Choonhyang, der Tochter einer Kisäng, größeres Verdienst habe, als die einer Tochter eines Yangban; und er wünschte, daß die Treue von Choonhyang allen Frauen zum Vorbild dienen sollte.

Choonhyang wurde in großer Zeremonie den Eltern Yi Doryungs vorgestellt, die sie voll und ganz als Schwiegertochter anerkannten. Viele Jahre lebten Choonhyang und Yi Doryung glücklich zusammen, und sie gebar ihm drei Söhne und zwei Töchter.

Der Holzfäller und seine Feenprinzessin

Lang, lang schon ist es her, da lebte im Diamantgebirge, im Norden Koreas, ein Holzfäller. Er war jung, groß und kühn. Er hauste aber ganz allein in einer kleinen Hütte im tiefen Wald. Er hatte niemanden, mit dem er sprechen konnte, niemanden, der ihn liebte, niemanden, der ihm in seinem Haushalt half. Ganz allein hatte er sein Haus bauen, seine Speisen zubereiten, sein Korn säen und ernten, seine Kleider nähen und flicken müssen. Und natürlich mußte er auch in den Wald gehen und Holz fällen.

Eines Tages, als er am Rande eines Gebirgsbaches einen Baum fällte, fiel seine Axt in das Wasser. In großer Verzweiflung beugte er sich über die schäumenden Wellen und rief: »O Göttin der Gewässer, gib mir meine Axt zurück, oder ich werde morgen schon vor Hunger zu einem Geist werden.«

Kaum hatte er seine Klage ausgesprochen, als die Göttin aus den Wellen auftauchte und eine goldene Axt in der Hand hielt. »Ist dies deine Axt?« fragte sie.

Beim Anblick des massiven Goldes leuchteten die Augen des Holzfällers. Aber da er ein ehrlicher Geselle war, schüttelte er nur den Kopf und sagte: »Nein, hohe Göttin, diese gehört mir nicht, meine Axt war nur aus Eisen.«

Die Göttin der Gewässer lächelte und sank in die Fluten zurück, um einige Minuten später mit einer eisernen Axt aufzutauchen.

»Ist dies deine Axt?« fragte sie wieder. Der Holzfäller streckte seine Hände danach aus und sagte: »Ja, hohe Göttin, diese gehört mir.«

Die Göttin lächelte wieder und gab dem Holzfäller seine eiserne Axt zurück. Als Belohnung schenkte sie ihm auch die goldene.

»Ehrlicher junger Mann«, sagte sie, »viele faule Holzfäller versuchen mich zu täuschen – und ertranken. Ich habe dich nun seit zehn Jahren beobachtet: Du arbeitest immer mit fröhlichem Herzen und frohem Gemüt. Ich würde mich gerne in dich verlieben. Du bist jedoch vom Schicksal ausersehen, mit einer Feenprinzessin belohnt zu werden, die zwanzigmal schöner ist als ich. Gehe in Frieden nach Hause. Wenn du vermählt bist, dann schenke deiner Frau meine goldene Axt. Viel Glück, junger Mann.«

Mit diesen Worten verschwand die gütige Göttin wieder in den Wassern des Gebirgsbaches.

Am nächsten Morgen ging der Holzfäller seiner üblichen Arbeit nach. Er war gerade dabei, einen Baum zu fällen, als ein Reh in wilder Angst – weil es von einem Jäger verfolgt wurde – um Hilfe bat. Der Holzfäller hatte ein gutes Herz und versteckte das arme Tier in einem Holzhaufen. – Als der Jäger mit Pfeil und Bogen kam und fragte, ob er ein flüchtendes Reh gesehen hätte, da schüttelte er nur schweigend den Kopf und zeigte in den Wald. So konnte das Tier entkommen und dankte dem Holzfäller.

»Guter Mann«, sagte er, »du warst so hilfsbereit und hast mir das Leben gerettet. Ich will deine Güte vergelten. Was wünschst du dir? Sag es mir, und ich werde deinen Herzenswunsch erfüllen. Sicher sehnst du dich danach, eine Ehegemahlin in deine Hütte zu führen. Für einen so hübschen und liebenswürdigen Junggesellen wie dich ist es schade, so allein in diesen einsamen Bergen zu leben. Hör mir zu:

Du kennst die ›Neun-Drachen‹-Wasserfälle und die acht Becken oberhalb der Katarakte. In diesen Becken baden die Feenprinzessinnen jeden Tag. Ihr Vater, der König des Himmels, möchte sie gerne verheiraten. Jedoch im Himmel und auf Erden ist es schwierig, für sie die richtigen Ehemänner zu finden. Im Himmel finden sie nicht den passenden, ich glaube, daß du der richtige Mann für eine von ihnen bist.

Morgen mittag, wenn die Sonne hell und gleißend über die Saphirwellen der Wasserbecken strahlt und die blauen Vögel in dem blumenbeladenen Wiesengrund singen, dann versteck dich dort und beobachte genau, was geschieht. Du wirst drei Feen sehen, die sich am Rande des Wasserbeckens niederlassen, ihre Flügelgewänder ablegen, sie auf Sträucher hängen und dann in das Wasser tauchen, um zu baden und zu tanzen.

Halt deine Augen offen und wähle das schönste und sanfteste Mädchen und merke dir, wo sie ihr Federkleid aufgehoben hat. Wenn alle Feen glücklich und fröhlich im Wasser tanzen, dann achten sie nicht auf ihre Flügelgewänder.

Dann komm aus deinem Versteck heraus und nimm das Kleid der Fee deiner Wahl an dich. So kann sie nicht in den Himmel zurückfliegen und muß deine Braut werden.
Aber auch dann, wenn sie deine Frau geworden ist und du sie immer mehr liebgewonnen hast, erzähle ihr das Geheimnis ihres Flügelkleides erst, wenn sie dir drei Kinder geboren hat. Mit drei Kindern kann sie nicht mehr wegfliegen, zwei jedoch kann sie in ihren Armen mit sich tragen.«
Der Holzfäller tat genau, was ihm das Reh geraten hatte, es gelang ihm auch, das Flügelgewand der Feenprinzessin zu verstecken, deren Schönheit seine Augen geblendet hatte. Als die drei Feen ihr Bad und ihren Tanz beendet hatten, stiegen sie aus dem Wasser und legten ihre Kleider an. Jedoch eine von ihnen – die schönste – hatte ihr Kleid verloren.
»Oh, ich unglückliches Wesen! Man hat mir mein Kleid geraubt! Oh, Schwestern, was soll ich tun?« klagte sie. Sie begann zu schluchzen, und die zwei Schwestern weinten mit ihr. »Schwester«, sprach eine Fee, die ihr Flügelkleid nicht verloren hatte, »wir sind unglücklich, daß du dein Kleid verloren hast und nicht mehr in den Himmel zurückfliegen kannst. Aber da nun keine Abhilfe zu schaffen ist und wir zurückkehren müssen, wollen wir uns zum letzten Male küssen und voneinander scheiden.«
Sie umarmten der Reihe nach ihre unglückliche Schwester zärtlich, und dann flogen sie davon. Die arme Feenprinzessin wurde am Rande der Wasserbecken zurückgelassen, die wenige Minuten vorher noch so schön schienen und jetzt trostlos waren. Sie bedeckte ihr Gesicht mit beiden Händen, weinte und schluchzte und wünschte, daß jemand hier wäre, der ihr zur Seite stünde.
Da trat der Holzfäller aus seinem Versteck heraus und sprach zur Fee: »Prinzessin des Himmels, warum weinst du? Deine Augen sind rot und deine Wangen blaß, deine Kirschblütenlippen sind vor Kummer weiß. Dein Schluchzen schüttelt dein Gesicht so, wie Regentropfen die Blütenblätter einer Blume zum Zittern bringen. – Ist deine Silberaxt in den Brunnen gefallen, als du einen Strauch auf dem Mond geschnitten hast? Einmal fiel meine Axt in einen Gebirgsbach, jedoch sie war nur aus Eisen; ich aber weinte genauso wie du. Die gütige Wassergöttin brachte mir meine

Axt zurück und sagte mir voraus, daß ich eine Feenprinzessin heiraten würde. – So treffe ich dich hier. Erlaube mir, meine schöne Fee, daß ich dich zum Altar führe.«
Während der junge Holzfäller so sprach, nahm er sie sanft bei ihrer Lilienhand. Da trocknete die himmlische Fee ihre Tränen und sah in das Gesicht des verliebten Holzfällers und sprach:
»Edler Holzfäller, ich weine nicht um meine Silberaxt, sondern um mein Flügelgewand, ohne das ich nicht mehr in mein himmlisches Heim zurückkehren kann. Hast du mein Gewand gesehen? Weißt du, wer es mir entwendet hat?«
»Meine liebe Fee«, antwortete der Holzfäller, »sei doch nicht so traurig. Du bist viel schöner ohne dein Flügelkleid. Du hast Heimweh, jedoch dein Haus ist jetzt hier auf dieser Welt. Selbst das Paradies ist kein Heim, solange du ein einsames Mädchen bleibst. Wenn du mich heiratest und in meiner kleinen Hütte glücklich mit mir lebst, wird dieses Haus für dich zum Paradies.
Wenn mein Haus auch klein ist, so ist es für mich doch schön. Die wilden Blumen blühen hier, die Vögel werden für uns singen, der Gebirgsbach wird für uns während der Nacht Musik machen.
Wir werden all die Freuden genießen, die uns die Natur auf diesem schönen Berg bietet. Während ich Holz fälle, wirst du Blumen und Gräser pflücken und heilsame Kräuter sammeln, die dir und mir ewige Jugend schenken.
Ich weiß auch, daß kein passender Mann für dich im Himmel zu finden ist. Und ich bin der einzige Mann für dich auf der Erde. Du bist von der Vorsehung als meine Braut auserwählt. So komm mit mir und sei meine Liebe.«
Die Feenprinzessin antwortete und errötete dabei: »Eine Frau ist nicht so leicht gewonnen. Du kannst jedoch bei meinem Vater in den Himmeln um meine Hand anhalten.«
»Deine Augen verraten dein Herz«, sagte der Holzfäller. »Du errötest und senkst den Blick: Dies sind die Zeichen der Zustimmung eines Mädchens. Vergiß doch all deine Gedanken an den Himmel und fliege in meine Arme, sonst wird dich der Kohlenbrenner holen.«
»Mein Holzfäller«, antwortete die Fee, »die Liebe eines jungen Mannes liegt in seinen Augen und nicht in seinem

Herzen. Heute liebst du mich, denn ich bin in deinen Augen eine Blume. Jedoch wenn ich alt bin, werde ich wie eine getrocknete Pflaume aussehen. Wie steht es dann mit deiner Liebe?«

»Blume oder Pflaume«, antwortete der Holzfäller, »ich werde dich immer lieben, wenn du nur treu und wahr zu mir stehst. Liebe ist Pflicht und Pflicht ist Glück!«

»Aber Herr Holzfäller«, entgegnete die Fee, »ich bin ein wildes und freies Mädchen, und mein Herz ist voller Eitelkeit. Ich weiß nicht, wie ein Haus geführt wird, ich kann weder kochen noch nähen. Wenn du mich zu schnell heiratest, dann wirst du dies bereuen.«

»Du bist in Schönheit geboren und diese Schönheit zu tragen und zu zeigen ist deine Pflicht. Entsage deiner Eitelkeit, entsage deinem Stolz. Ich liebe dich! Öffne dein Herz, oder du wirst dein ganzes Leben lang eine alte Jungfer bleiben«, sagte der Holzfäller. –

So wurde die Feenprinzessin die Frau des Holzfällers. Sie wanderten zusammen über blühende Hügel und durch herbstlich gefärbte Täler. Wenn sie lachten, wurden die Blumen zu Früchten, und auch ihre eigenen Blumen der Liebe wurden zu Früchten. Die Feenprinzessin träumte wohl so manchen Traum, wenn die Mondstrahlen ihr Bett küßten, und nach und nach wurden zwei Kinder geboren. Da liebte sie ihren Holzfäller noch mehr.

Einmal kam der Holzfäller mit einem Bündel voller Holzscheite nach Hause, als der westliche Himmel von der untergehenden Sonne purpurn gefärbt war. Seine Frau lief ihm entgegen, um ihn zu begrüßen. Das Kleinste hielt sie an ihrer Brust, während das Töchterlein schon allein mitlaufen konnte.

Bald brachte ihm seine Frau das Abendbrot, drei Schalen voll Reis, drei Schalen voll Gräsersuppe, ein Gericht aus Kimschi-Pickel. All dies war auf einem runden hölzernen Eßtisch mit Porzellanlöffeln und bemalten Holzstäbchen schön zubereitet. Der Holzfäller und seine Frau setzten sich und aßen glücklich und zufrieden das Mahl.

Als der Holzfäller voll von Brombeerwein war, dachte er bei sich: »Meine Frau war eine Prinzessin des Himmels, und nun ist sie die Frau eines Holzfällers. Und dies geschah nur, weil sie ihr Flügelkleid verlor. Sie ist so treu und aufrichtig

zu mir, doch ich habe ihr ein Geheimnis in all diesen Jahren vorenthalten. Ich habe sie betrogen, ihre Liebe und ihr Herz gestohlen.
Ich sehe doch, wie manchmal ihre rosigen Wangen vor Kummer weiß werden, wenn sie an ihr verlorenes Kleid denkt. Ich muß ihr alles erzählen. Vielleicht wird dies Frieden in ihre Seele bringen.«
So vergaß der Holzfäller die Warnung des Rehs, und er zeigte seiner himmlischen Frau das Kleid. Als sie ihr für immer verloren geglaubtes Flügelkleid nach so langer Zeit wieder sah, überkam sie großes Heimweh. Sie nahm das Kleid an sich, sah es sorgfältig an, prüfte es von allen Seiten und drückte es an ihre Brust. Dann nahm sie auf jeden Arm eines ihrer Kinder und flog weg von der Erde und von ihrem irdischen Heim.
Mit einem traurigen Lächeln drehte sie sich ein letztes Mal um und sagte zu ihrem Ehegemahl:
»Sei gegrüßt, o mein Gatte und du Mutter Erde. Ich habe großes Heimweh, und ehe ich ein drittes Kind gebäre, muß ich zu meinem Heim, den Himmeln, und zu meinen Schwestern zurückfliegen. – Wenn die Sterne auf dein Dach funkeln und Mondstrahlen dein einsames Bett küssen, dann sei gewiß, daß ich weit weg von dir, an dich denke.«
Mit diesen Worten flog sie weiter und verschwand in den Wolken wie ein Traum. Der arme Holzfäller war zu Tode verzweifelt und wußte nicht, was er tun sollte. Er schlug sich auf die Brust, raufte sein Haar und fiel rücklings ins Gras. Er starrte in den Himmel und rief und flehte sein Eheweib an, zurückzukommen. Dann sprang er mit einem gewaltigen Satz auf, als ob er fliegen wollte. Er fiel wieder in das Gras zurück und wälzte sich verzweifelt auf dem Boden.
»O ich Narr! Warum habe ich meiner Frau das Geheimnis von ihrem Gewand erzählt! Solange ich schwieg, lebte ich glücklich mit ihr. Von dem Augenblick an, in dem ich ehrlich sein wollte, war ich zum Unglück verdammt.«
Mit traurigem Herzen und müden Schritten ging er zurück in den Wald, um Holz zu schlagen. Doch seine Axt war schwer, und seine Kraft war dahin. Er war so verzweifelt, daß alles um ihn herum auch traurig wurde. Die Vögel klagten, der Bach weinte leise, der Sommerwind seufzte, und die Blumen welkten dahin.

»O, was bin ich doch für ein unglücklicher Mann«, rief der arme Holzfäller. Jetzt bin ich wieder nur ein armer ›Chonggak‹, ein armseliger Junggeselle. Mein Herz ist gebrochen. Warum soll ich Holz schlagen? Für wen soll ich wilde Früchte zwischen Dornen pflücken? Wen soll ich ernähren? Wen soll ich kleiden? Eine Handvoll Holz reicht aus, um Kartoffeln und Korn für mich zu kochen.

Warum soll ich meine Schritte beschleunigen, wenn doch niemand da ist, der auf mich wartet und der sich um mich kümmert? Und wo ist jetzt mein Heim? Seit Frau und Kinder fort sind, habe ich kein Heim mehr, denn mein Haus ist traurig, still und leer.«

Während er diese Worte murmelte, fühlte er sich sehr schwach und müde. Er legte sich in das Gras und sah hinauf in die Wolken, die am blauen Himmel segelten, und wünschte sehnlichst dort zu sein.

Seine Augenlider wurden schwer, und bald fiel er in einen tiefen Schlaf. Im Traum traf er seinen alten Freund, das Reh. Er erzählte ihm seine traurige Geschichte und bat um Hilfe. Das Reh lachte ihn aus, aber es brachte ein Samenkorn aus seinem Maul hervor. Kaum hatte es das Korn mit seinen Vorderläufen eingepflanzt und einige magische Worte gemurmelt, als ein hoher Granatapfelbaum mit Blüten und Früchten dastand, der bis in die Wolken ragte.

»Steige gerade auf diesen Granatapfelbaum hinauf und du wirst deine Lieben über den Wolken finden«, rief das Reh. »Halte deine Augen immer in die Himmel gerichtet und schaue niemals auf den Boden der Erde. Ansonsten wirst du herunterfallen und alles verderben.«

In seinem Traum begann der Holzfäller sofort den Granatapfelbaum zu besteigen. Als er jedoch zur Spitze kam, fühlte er, wie ihm schwindelig wurde, seine Füße zitterten, denn der Ast auf dem er stand, schwankte im Abendwind.

»Soll ich springen?« fragte er sich. »Wenn ich mit meinen Füßen in der Luft statt auf himmlischem Boden aufkomme, was wird dann aus mir werden? Ich wünschte, ich hätte meinen Sprungstab bei mir. Vielleicht könnte ich mit seiner Hilfe so leicht springen wie über die Gebirgsbäche.«

Als er diese Worte aussprach, ließ er seinen Kopf hängen und sah auf die Erde neben dem Baumstamm, wo sein Sprungstab lag. Sofort schwankte der Baum gewaltig hin

und her und schüttelte den Holzfäller von seiner Spitze. Er fiel hinunter zu den Wurzeln des Baumes. Ganz verstört stand er auf und stolperte durch das Gras.
Das Reh lachte wieder und sagte: »Du kannst deinen Sprungstab nicht einmal am Eingang des Himmels vergessen. Wie komisch würde sich der Ehegemahl einer himmlischen Prinzessin mit so irdischen Dingen ausmachen. Ich weiß, du bist sehr verwirrt, und ich will dir eine letzte Chance geben.
Nun kommen die himmlischen Töchter nicht mehr auf die Erde aus Angst, ihr Federkleid zu verlieren. Doch sie schöpfen Wasser aus den Becken mit einem Silbereimer und baden sich im Himmel. Heute ist die siebente Nacht des siebenten Mondes. Zwei Liebende, das ›Spinnende Mädchen Vega‹ und der Hirtenknabe ›Altair‹ treffen sich heute an der Brücke der Milchstraße, nachdem sie ein ganzes Jahr lang getrennt waren. Die Sterne und Blumen des Himmels sind von Venus eingeladen, um zu Ehren der vereinten Liebessterne zu tanzen. – Deine himmlische Frau und ihre Schwestern sind auch zu diesem Fest eingeladen. Gerade jetzt baden sie im Himmel und machen sich so schön wie sie nur können. Ihr Silbereimer geht ohne Unterbrechung zu dem irdischen Brunnen. Gehe dorthin, und wenn der Eimer das Wasser berührt, dann springe hinein, und die Feen werden dich in den Himmel hinaufziehen.«
Der Holzfäller erwachte und fand, daß alles nur ein Tagtraum war. »Märchenbrunnen, Silbereimer«, grübelte er. Eher aus Neugierde als aus Überzeugung ging er zu den Wunderbecken seiner liebsten Erinnerungen, an den »Neun-Drachen-Fällen«. In diesem saphirfarbigen Wasser pflegte seine himmlische Frau zu baden; die untergehende Sonne liebkoste die blühenden Sträucher, wohin sie ihr Gewand hängte. Die Vögel sangen im Chor eine melancholische Melodie.
Mit gebrochenem Herzen sah der Holzfäller seinen Hochzeitsaltar. Mit gebrochenem Herzen bedeckte er sein Gesicht in stummer Verzweiflung.
– »Oh, weine nicht länger, mein armer Holzfäller: Deine Liebe in den Himmeln sendet dir einen silbernen Eimer!« – Der arme Mann wandelte verwirrt zwischen den Bäumen hinter dem Wasserbecken, unter dem er seine himmlische

Frau zuerst getroffen hatte. Er flehte den Himmel an: »Ich wünschte, ich hätte einen Eimer, der mich zu meinem Weib in den Himmel trägt!«
Kaum hatte er diese Worte ausgesprochen, als ein großer Silbereimer auf das Wasserbecken herunterkam. In großer Freude sprang er schnell hinein. Die Feen im Himmel dachten, daß es nur das saphirfarbige Wasser aus dem Feenbekken wäre, und zogen den schweren Eimer mit aller Kraft in den Himmel hinauf.
Als der Holzfäller von den Feen aus dem Eimer herausgezogen wurde, sah er sofort sein Eheweib, die, auf das wunderschönste geschmückt, mit ihren Kindern auf der Milchstraße spazierenging. Sie sah, wie sich die zwei Liebessterne auf der Milchstraße begegneten, und sie seufzte aus tiefstem Herzen:
»Diese beiden treffen sich doch wenigstens einmal im Jahr. Ich arme kann meinen Ehegemahl auf Erden nie wieder sehen.«
Der Holzfäller nahm sie schnell in seine Arme, und nun leben sie glücklich vereint im Sternenwald.

Die Geschwister Sonne und Mond

Vor vielen, vielen Jahren, als Korea noch ein junges Land und die Welt noch neu war, da gab es in den Wäldern wilde Tiger, die das Leben der wenigen Menschen, die zu jener Zeit ihr karges Dasein fristeten, arg bedrohten. In einem einsamen Haus, mitten im Walde, lebte eine Witwe mit ihrer Tochter Haetnim und ihrem Sohn Tallim. Sie waren arm, ihr Haus war nur aus Lehm gebaut; aber sie waren fröhlich und glücklich.
Eines Tages sagte die Mutter zu ihren Kindern: »Wir haben weder Reis noch Fische. Ich muß in das nächste Dorf gehen, um neue Vorräte einzukaufen, und dann werde ich euch etwas Gutes kochen. Wenn ich gegangen bin, sperrt die Fenster und Türen gut zu und laßt niemanden ins Haus. Ihr

wißt, die Tiger streichen in den Wäldern umher; deshalb hört auf meinen Rat, gebt gut acht, und laßt euch nicht täuschen.«

Nun waren die Tiger im alten Korea starke und magische Wesen. Sie konnten sich in Menschen verwandeln und auch ihre Stimmen und ihr Gesicht ändern.

Als die Mutter ihre Vorräte im Dorf eingekauft hatte und sich auf den Heimweg zu ihren Kindern begeben hatte, da sprang plötzlich ein brüllender Tiger auf sie zu und fauchte sie an: »Gib mir Reis und Fische, die du eingekauft hast, oder ich werde dich selber fressen.«

Die arme Mutter schrie laut auf und warf ihm in ihrer Angst alle Vorräte hin und floh, so schnell sie ihre Füße tragen konnten. Zu ihrem Glück fand sie in der Nähe ein Steinhaus, sie rannte hinein und verschloß Tür und Riegel hinter sich.

Der Tiger brüllte vor Wut und umkreiste das verschlossene Haus, bis er schließlich sagte:

»Ich werde nicht länger warten. Ich werde deine Kinder fressen, denn ich weiß, sie sind allein in deiner Lehmhütte. Sie ist nicht so fest gebaut wie dieses Haus aus Stein.«

Daraufhin jagte er davon zu der Lehmhütte der armen Witwe und ihrer Kinder. Dort verstellte er seine Stimme, daß sie fast wie die der Mutter klang und sagte:

»Meine lieben Kinderchen, macht die Türe auf. Ich habe Fisch und Reis und viele andere gute Sachen für euch und will euch ein gutes Mahl kochen.«

Die Kinder Haetnim und Tallim fanden nun trotzdem, daß die Stimme etwas merkwürdig klang. Deshalb hielten sie es für besser, Tor und Fenster sorgfältig verschlossen zu halten. Doch der Tiger rief immer wieder:

»Laßt mich doch hinein, mein liebes Mädchen und mein lieber Bub. Fisch und Reis werden euch köstlich munden und ich habe auch Soyasauce mitgebracht, damit alles noch besser schmeckt.«

Die Stimme des Tigers klang nun schon ganz so wie die ihrer Mutter. Aber die Kinder fürchteten sich, daß irgend etwas nicht stimmte. So sannen sie auf ein Mittel, um sich Gewißheit zu verschaffen. Schließlich hatte der Knabe eine Idee und rief:

»Nahe beim Tor, wo du stehst, ist ein winziges Fenster.

Strecke doch deine Hand hindurch, damit wir dich erkennen können.«

Der Tiger verwandelte seine Pranke in eine menschliche Hand – und dachte, daß er nun das Spiel gewonnen hätte. So streckte er sie, bereits lüstern nach Menschenfleisch, durch die kleine Öffnung. Doch der Tiger hatte nicht bedacht, daß er auch seine Krallen in menschliche Fingernägel hätte verwandeln müssen. Als die Kinder die Hand mit den langen Krallen sahen, da wußten sie, daß dies nicht die Hand ihrer Mutter sein konnte, sondern daß ein böser Tiger sie überlisten wollte.

Aber Bruder und Schwester wußten auch, daß ihr Lehmhaus nicht fest gebaut war. So mußten sie ganz schnell etwas ersinnen, um dem bösen Tiger zu entgehen, wenn er die Tür einschlagen würde. Sie krochen ganz vorsichtig und mäuschenstill zur Rückseite des Hauses hinaus. Jedes der Geschwister versteckte sich wie eine kleine Maus.

Kaum waren sie zum Haus hinaus, begann der Tiger auch schon zu brüllen:

»Ich bin so hungrig wie noch nie!«

Und dann schlug er auch schon die Tür ein. Brüllend und schnaufend stampfte der Tiger im kleinen Haus herum. Er war zornig, weil er die Kinder nicht finden konnte und seine Augen wurden rot vor Wut. Er sprang wieder hinaus aus dem Haus, fest entschlossen, die Kinder zu finden und zu fressen.

Er suchte sie im aufgeschichteten Holz. Dann schaute er in den Brunnen und glaubte dort ihre Gesichter zu sehen. Er verstellte wieder seine Stimme und rief mit erlogener Freundlichkeit:

»Kleiner Sohn und kleine Tochter. – Sehe ich euch nicht hier unten im tiefen Wasser?«

Nun waren die Kinder auf einen hohen Baum geklettert, dessen Äste über dem Brunnen hingen. Was der Tiger zu sehen glaubte, war nur das Spiegelbild der Geschwister im Wasser des Brunnens.

Da mußten Bruder und Schwester trotz ihrer Angst über den dummen Tiger lächeln, als sie sahen, wie er voller Aufregung um den Brunnen herumtanzte und wie er sie mit solch süßer Stimme rief. Dann aber lachten sie aus vollem Hals, und der Tiger brüllte nun noch ärger zu ihren Füßen.

Schließlich begriff das dumme Tier, daß es nur gefoppt worden war. Es rannte zum Baum und brüllte: »Ihr würdet besser herunterkommen.«
Aber der Knabe hatte blitzschnell einen Einfall und rief hinunter: »Höre doch, lieber Tiger! Uns gefällt es hier oben so gut, denn die Aussicht ist so wunderbar. Warum kommst du nicht herauf? – Es ist ganz einfach, du brauchst nur das Öl aus dem Krug am Brunnen auf den Baumstamm zu schütten. Dann kannst du ganz leicht heraufklettern.«
Der dumme Tiger nahm das Öl und strich es auf den Stamm, ja, er goß den ganzen Krug darüber. Als er dann versuchte, den Baum hinaufzuklettern, rutschte er immer wieder herunter. Da wurde der Tiger noch wütender, noch hungriger und noch böser. Er brüllte, heulte und winselte unten am Baum.
Plötzlich entdeckte er auf dem Holzhaufen eine Axt. Damit begann er auf den Baum einzuhacken um ihn zu fällen. Tiefer und immer tiefer drang die Axt in den Stamm des Riesenbaumes ein.
Bruder und Schwester kletterten immer höher, bis in die oberste Spitze des Baumes. Da sagte die Schwester zu ihrem Bruder: »Uns bleibt nur ein Ausweg. Wir müssen den Himmelskönig bitten, uns an diesem schrecklichen Tage zu helfen.«
So flehte der Bruder den Himmelskönig an:
»O, Himmelskönig, o, Ha-na-nim, hoch oben in den Wolken!
Wenn es dein Wille ist, daß wir sterben sollen, so schicke uns doch ein altes Strohseil.
Aber wenn du unser Leben retten willst,
dann sende uns doch eine starke Leiter, die so lang ist,
daß wir in dein Himmelskönigreich klettern können.«

Der Himmelskönig sandte eine Leiter hinunter, und der Bruder und die Schwester kletterten mit einem Freudenschrei direkt in das Himmelsreich hinein. Dann zogen sie die Leiter hinter sich hoch.
Der Tiger hatte inzwischen eingesehen, daß der Baum viel zu dick war, um ihn zu fällen. So schlug er sich einige Stufen in den Stamm, um über sie auch an die Spitze des Baumes zu klettern. Er dachte bei sich: »Vielleicht sollte auch

ich den Himmelskönig anrufen. Aber wahrscheinlich wird er mir, einem Tiger nicht helfen wollen und so muß ich ihn wohl überlisten.«
So rief er in den Himmel:
»O, Himmelskönig, o, Ha-na-nim, sende mir eine Leiter,
wenn es dein Wille ist, daß ich sterben soll.
Aber wenn du willst, daß ich weiter lebe,
dann sende mir ein langes altes Strohseil.«
Nun, der Himmelskönig erkannte natürlich die dumme List des Tigers und sagte:
»Dein Wunsch soll erfüllt werden.« Und schon sandte er ein altes Strohseil auf die Erde hinunter. Als der Tiger daran hochklettern wollte, riß das Seil und der Tiger fiel aus großer Höhe hinunter in die Tiefe und brach sich alle Knochen. Er jaulte und winselte vor Schmerzen und machte sich mühsam auf in den Wald und ward nie wieder gesehen.
Schwester Haetnim und Bruder Tallim fanden, daß das himmlische Königreich ein wunderbarer Spielplatz sei. Sie jagten einander und spielten zwischen den Wolkenbänken Verstecken. Den ganzen lieben Tag liefen sie mit großem Vergnügen hin und her.
Der Himmelskönig liebte sie sehr, aber er hatte so viel zu tun – die Erde war noch so jung und neu. Als nun die Kinder so herumliefen, war es für den Himmelskönig sehr schwierig, seine viele Arbeit richtig zu erledigen. Da fiel dem König ein, daß die Nacht noch keinen Mond und der Tag noch keine Sonne hatten.
Er rief Bruder Tallim und Schwester Haetnim zu sich und sagte: »Ich habe Arbeit für euch. Es ist nicht gut, den ganzen lieben Tag nichts zu arbeiten, wenn noch so viel zu tun ist. Du, Haetnim, mein Mädchen, wirst der Mond sein und während der Nacht am Himmel leuchten.
Du, mein Knabe Tallim, wirst die Sonne werden und der Welt das Licht des Tages geben.«
Da fing die Schwester an zu weinen:
»Ich habe in der Nacht Angst.«
Doch der Bruder lachte:
»Da gibt es nichts zu fürchten, dann werde ich eben der Mond sein.«
Der Himmelskönig stimmte zu: Tallim, der Bruder, wurde der Mond am Himmel, und bei Dunkelheit und Sturm

kennt er keine Angst, er zieht immer seine Bahn. Haetnim, die Schwester, wurde die Sonne, und jeden Tag wandert sie ihre Bahn und bringt allen Menschen Wärme und Licht.
Jedoch die scheue Haetnim war verschüchtert, wenn alle Welt auf sie blickte. So errötete sie und strahlte so hell und stark, daß heute niemand in das Gesicht der Sonne blicken kann.

Der Hase besucht den Drachenkönig

Es war einmal ein Drachenkönig, der lebte in einem schönen Palast tief am Meeresgrund. Sein Reich war so groß, daß es niemand messen konnte. Der Glanz und die Pracht seines Palastes übertraf alles Dagewesene.
Eines Tages beklagte sich der große König über arge Schmerzen. Er warf sich auf seinem Korallenbett hin und her, und seine Königin, Prinzen und Prinzessinnen standen kummervoll um das königliche Lager. Der Drachenkönig stöhnte die ganze Nacht, und die See zitterte und dröhnte mit ihrem Herrscher. Noch ehe der Morgen graute, berief er seine Minister ein und sagte mit schwacher Stimme:
»Ich bin sehr krank, und vielleicht muß ich meinen Löffel wegwerfen und sterben. Letzte Nacht versuchte ich alle Medizinen in meinem Königreich, jedoch keine half mir. Wer kann meine sonderbare Krankheit heilen?«
Die Höflinge berieten, wo sie einen großen Arzt für ihren König finden könnten. Schließlich machte der Hai-Minister eine Verbeugung und sagte, daß er auf die Suche gehen werde, bis er einen berühmten Arzt gefunden hätte. Er reiste eilig zu jeder Provinz des Meeres und kehrte sieben Tage später mit einem berühmten Mann zurück.
Der Wunderarzt untersuchte den Drachenkönig sorgfältig, seufzte tief und sprach:
»Eure Majestät, diese Krankheit ist sehr eigenartig und

ernst. Es gibt nur ein Heilmittel dafür, dieses jedoch findet man nicht im Meer, in Eurem Reich. Man kann es nur auf dem Land finden, und auch dort sehr selten.«
Der König fragte aufgeregt, was denn dieses Heilmittel sei. Der Arzt erklärte: »Eure Majestät werden sofort geheilt werden, wenn Ihr die Leber des Tieres namens Hase verspeist, der in der Nähe der Berge wohnt. Jedoch ist es fast unmöglich, dieses Tier zu fangen, denn es ist klug und schnell.«
»Dieses Tier kann niemals so klug sein wie meine treuen Untertanen!« rief der König hoffnungsfroh. »Mein Volk versammle sich!« befahl er.
Bald standen alle Untertanen vor dem Thronbett und verneigten sich vor dem Drachenkönig. Der König erhob seine Stimme:
»Wer von euch kann das Tier mit dem Namen Hase fangen?« Der Schwertfisch bellte: »Ich werde den Hasen mit meinem langen Schwert an meiner Nase aufspießen und ihn hierher in Euren Palast bringen.«
»Nein«, schrie der Drachenkönig auf, »du mußt den Hasen lebendig fangen.«
»Ich werde das Tier namens Hase mit meinen langen Armen einfangen«, sagte der Oktopus, »und ihn frisch und unverletzt vor Euren Thron bringen.«
»Nein«, schrie der Drachenkönig wieder auf. »Dein harter Griff um seinen Körper wird die Leber sicher zerdrücken.«
Da herrschte langes Schweigen. Schließlich warf sich die Schildkröte vor den Drachenkönig nieder, schlug mit ihrem Kopf dreimal auf den Boden und sprach:
»Ich habe nicht viele Talente, jedoch ich kann das Tier mit dem Namen Hase auf den Rücken meines Panzers wohlbehalten in das Reich des Drachenkönigs bringen.«
»Gut«, sprach der König aufatmend, »ich erinnere mich, daß dein Großvater in seiner Jugend einen Wettlauf zu Lande und zu Wasser siegreich bestanden hat. Geh und bring mir das Tier Hase. Ich werde von meinem Hofmaler ein Portrait anfertigen lassen, damit du das Tier mit dem Bild vergleichen kannst und kein Irrtum möglich ist. – Bring mir den Hasen schnell. Ich werde weder essen noch schlafen, bis ich die Hasenleber habe.«
Der Drachenkönig beauftragte seine Hofmaler, das Bild

eines Hasen anzufertigen. Sie begannen unverzüglich zu malen, einer zeichnete seine Augen, die alle Schönheit der Natur sehen können, der zweite die Ohren, die den Gesang der Kuckucke und der Papageien hören, der andere das Mäulchen, das Blumen und duftende Kräuter frißt, der nächste malte das schneeweiße Fell, das in der Luft glänzt, und der letzte zeichnete die Läufe. So vollendeten die Hofmaler das Bildnis, das genau wie ein richtiger Hase aussah, mit zwei runden, rosa Augen, die Vorderbeine kurz und die Hinterbeine lang und mit zwei Ohren, die kerzengerade in die Luft hineinragen.

Die Schildkröte nahm Abschied von ihrem König, tauchte auf der Oberfläche der blauen Wasser auf, steuerte auf die Küste zu und kletterte ans Ufer. In der Nähe saß ein alter Mann und fing Fische. Die Schildkröte kroch zu ihm und fragte:

»Darf ich dir eine Frage stellen, Großvater?« Der alte Mann sah erstaunt auf und antwortete langsam:

»Was begehrst du zu wissen, merkwürdiges Tier?« Die Schildkröte fuhr fort: »Kannst du mir freundlicherweise sagen, wo das Tier Hase zu finden ist?«

»Nun, der Hase ist das Tier mit den langen Ohren; er lebt am Fuß der Berge«, antwortete der alte Mann. »Geh gerade durch den Wald, folge dem Pfad durch die Pinien und schließlich wirst du den Hasen finden.«

Die Schildkröte sah auf die dichten und hohen Bäume. Ein beschwerlicher Weg lag vor ihr, doch sie machte sich unverzüglich auf den Weg.

Es war Frühling und alle Pflanzen und Kreaturen waren glücklich und zufrieden. Die Tigerschmetterlinge tanzten in der Luft, die Blütenzweige schwangen über die saphirklaren Brunnen, die goldenen Oriolen riefen nach ihren Spielgenossen, die Nachtigallen trällerten wunderbare Melodien, die Schwalben kündeten ihre Heimkehr aus dem warmen Süden an. Alle Hügel und Wiesen waren voll rosa Blüten und Silberbächen. Dann und wann standen immergrüne Bambusrohre und Pinien wie Schildwachen der Tugend zwischen dem Heer der Pfirsich- und Aprikosenblüten. Und Wasser fielen in den verschiedensten Formen von den Katarakten und machten rauschende Musik.

Die Schildkröte genoß ihre Wanderung sehr, doch sie ver-

gaß in keinem Augenblick ihre große Aufgabe: das Tier Hase zu finden und zum Drachenkönig zu bringen. So wanderte sie unentwegt durch die schöne Landschaft weiter, streckte ihren Hals weit aus ihrem Panzer, bis ihre Augen ein hübsches Tier mit langen Ohren und weißem Fell sahen, das dem Bildnis bis auf das kleinste glich.
Vergessen war alle Müdigkeit; die Schildkröte räusperte sich und sprach in großer Zuvorkommenheit:
»Guten Morgen, Mademoiselle Hase, wie geht es dir? Ich habe viel von deinem berühmten und klingenden Namen gehört und wünschte schon seit langem, dich einmal in meinem Leben zu sehen. Wie glücklich kann ich mich schätzen, dich heute an diesem schönen Frühlingstag zu treffen!«
Hierauf antwortete der Hase: »Ich bin überall auf dieser Welt herumgereist und habe viele Lebewesen gesehen, jedoch niemals ein so häßliches Tier wie dich. Deine Füße sind ohne Zehen, dein Hals spielt immer Verstecken, und dein Rücken ist so rund und flach – dies ist alles sehr merkwürdig. Auf den ersten Blick siehst du wie eine hölzerne Schale aus. Wer bist du eigentlich? – Doch sei nicht gekränkt, ich sprach nur im Scherz.«
Die Schildkröte war sehr verärgert, als sie sich so lächerlich beschrieben hörte, sie schluckte aber ihren Ärger herunter und sprach:
»Mein Name ist Schildkröte, aber ich bin besser unter ›Byul-jubu‹ bekannt. Mein Rücken ist flach, damit ich niemals untergehe, wenn ich auf den Wellen schwimme; mein Hals ist lang, damit ich weit und breit ausspähen kann; mein Körper ist rund, damit ich mich in allen Lebenslagen wie ein Gentleman richtig benehmen kann. Deshalb bin ich der Held der Wasser und der Kapitän aller Tiere im Meer. Ich kann stolz von mir behaupten, daß ich in bürgerlichen und militärischen Künsten, zu Land und zu Wasser, unübertroffen bin.
Mademoiselle Hase! Du bist stolz auf deine weiten Reisen zu Land. Doch hast du je den Meeresgrund gesehen mit seinen wunderbaren Gärten und Pflanzen und Fischen rund um den Wasserpalast des Drachenkönigs?
Kein Maler kann mit seinem Pinsel und seiner Phantasie die Schönheit des Meeresspiegels nachzeichnen. Wenn du dich

auf meinen Rücken setzt, dann werde ich dir alle diese Wunder zeigen, und der Drachenkönig wird dich wie eine Prinzessin behandeln. Du wirst wunderbare Gerichte der See speisen, mit hübschen Prinzen im Palast tanzen und sicher einen Gemahl von prinzlichem Geblüte finden.«

Mademoiselle Hase wollte nun unbedingt die Schönheit des Meeresspiegels und des Wasserpalastes selbst sehen, und so sprang sie sofort auf den Rücken der Schildkröte, die sie nach einer langen Reise auf und unter Wasser zu dem Drachenkönig in der Südsee brachte.

Während der Hase in den königlichen Warteräumen des Drachenkönigs saß und sich auf eine Audienz vorbereitete, stürmten rauhe Soldaten herein, banden Hände und Füße des Landtieres und riefen:

»Befehl des Königs! Auf Befehl des Königs!« und sie schleppten ihre Gefangene ohne jede Zeremonie vor den Drachenkönig.

Der Hase zitterte an Vorder- und Hinterläufen, und sein Entsetzen war nicht zu beschreiben. Als er aufsah, erblickten seine rosa Augen einen ungeheuren Riesen mit einer Korallenkrone, die in vielen Hörnern auf seinem Kopfe glitzerten; eine lange Silberrobe, die seinen karpfenähnlichen Körper umhüllte, und ein Perlenzepter in seiner Hand. Er saß auf seinem Thron von Hunderten seiner Staatsbeamten und Militärs umgeben.

Das riesige Maul und die lange Zunge schienen jeden Augenblick bereit, den armen Hasen zu schlucken. Dies war der Drachenkönig, und seine verstörten Ohren hörten eine Donnerstimme ertönen. Die königliche Botschaft wurde von einem Herold wiederholt:

»Höre, o Hase! Das Antlitz, die Robe und der Thron eines Königs oder eines Kaisers wird Drachengesicht, Drachenrobe und Drachenthron nach meiner Majestät benannt. Ich bin der große König der See, und du bist ein kleines Tier von den Hügeln. – Nun leide ich an einer ungewöhnlichen Krankheit, und nichts anderes als die Leber eines Hasen kann mich heilen. Deshalb sandte ich die Schildkröte aus, um dich zu holen.

Wenn du tot bist, werden meine Diener deinen Körper mit feiner Seide umhüllen und dich in einen Sarg legen, der mit Perlen verziert ist. Deine Grabstätte soll in einem schönen

Garten hinter meinem Palast liegen. Und noch mehr, wenn deine Leber meine Krankheit geheilt und mir ewige Jugend gegeben hat, dann werde ich dir für deine außerordentlichen Verdienste einen Schrein errichten lassen.
Du bist in der glücklichen Lage, einen edleren Tod zu sterben, als die Beute eines Tigers oder des Jagdspiels eines Jägers zu werden. Ich verspreche dir all diese höchsten Ehren, die nur einem geborenen Prinzen zustehen. Du hast allen Grund, dankbar zu sein; nun sei bereit, mit einem glücklichen Lächeln zu sterben: Du stirbst für einen König!«
Der Hase verlor beinahe das Bewußtsein, als er das Todesurteil des Königs hörte. Doch er wollte um jeden Preis überleben, so nahm er all seinen Mut zusammen und sagte zum Drachenkönig:
»Eure Majestät! Mein König! Ich verstehe, daß Ihr meine Leber verspeisen wollt. Jedoch ehe mein Bauch aufgeschnitten wird, habe ich Euch etwas zu sagen. Gestattet mir, eine Abschiedsrede zu halten. Ein einfaches Tier wie ich kann nur geschmeichelt sein, für die Gesundheit eines großen Königs zu sterben.
Ich bin tief gerührt über die königliche Großzügigkeit, mir ein so prächtiges Begräbnis zu bereiten; deshalb bedauere ich es sehr, daß ich ganz anders als die gewöhnlichen Tiere auf den Hügeln geartet bin. Meine Mutter verliebte sich in einen Stern der Milchstraße, der mein Vater wurde. Von meiner Geburt an trank ich nur Morgentau und verspeiste duftende Gräser und Heilkräuter. So wurde meine Leber nach und nach eine wunderbare Medizin, die alle Krankheiten heilen und ewige Jugend spenden kann.
Alle Menschen auf der Erde begannen, mich um meine Leber zu bitten. Um alle diese Quälgeister auf einmal loszuwerden, nahm ich Herz und Leber mit eigenen Händen heraus, wusch sie viele Male in einem klaren Gebirgsbach und versteckte sie an einem geheimen Platz in den Hügeln. Ich traf die Schildkröte von der See ganz unerwartet und machte ohne Vorbereitung eine Reise zu Eurem Königspalast. Hätte ich von Eurer eigenartigen Krankheit gehört, dann wäre ich natürlich nicht ohne Leber gekommen.«
Der Drachenkönig hörte diese Geschichte, und als er die ruhige Miene des Hasen sah, begann er zu zweifeln, ob sie

nur eine Lüge war. So donnerte er den Hasen an: »Wie kommt es, daß du deine Leber so schnell herausnehmen und wieder auf den alten Platz zurücklegen kannst?«
Der Hase war fast sicher, mit seiner List sein Leben retten zu können, und so antwortete er voll Phantasie: »Der Himmel wurde in der Stunde der Ratte geöffnet, die Erde in der Stunde der Kuh geformt, der erste Mensch wurde in der Stunde des Tigers geboren, und alle Kreaturen entstanden in der Stunde des Hasen. Deshalb stehe ich über zehntausenden Vögeln und Landtieren; sogar die wohlwollende Giraffe und der edle Phönix beugen sich vor mir und besingen meine schöpferische Arbeit. Warum sollte ich da eine so einfache Magie, wie Leber und Herz aus meinem Bauch herausnehmen und hineingeben, nicht zustande bringen?«
Der Drachenkönig schwieg eine Weile und überlegte: »Wenn ich die Leber nicht haben kann, nachdem man den Hasen den Bauch aufgeschnitten hat, dann würde ich ein gerechtes Tier ohne Grund getötet haben! Und niemand bliebe übrig, der mir die heilsame Leber verschaffen könnte. Wenn ich die ernste Stimme höre und seinen geraden Blick sehe, dann kann ich nicht glauben, daß mir der Hase eine Lüge erzählt. Ich sende ihn lieber auf seine Hügel zurück, um seine Leber zu holen.«
Der König gab dem Hasen zum Abschied eine Kette von zweihundert rosa-schimmernden Südseeperlen und sprach mit freundlicher Stimme: »Nimm diese kleine Gabe als Erinnerung an deinen ersten Besuch in meinem Wasserpalast. Geh in Frieden und kehre schnell mit deiner Leber zurück.«
Der Hase empfing die königliche Gabe mit einer tiefen Verneigung und begann auf dem Rücken der Schildkröte sofort seine Heimreise. Nachdem sie glücklich über die blauen Wasser gereist waren, landeten sie schließlich am Ufer.
Mademoiselle Hase war überglücklich, daß ihre List geglückt und sie von dem Grab im Wasser und den Ankündigungen des Drachenkönigs gerettet war. Sie begann einen Freudentanz und drehte sich wie ein Karussell in alle Richtungen des Himmels. Als dies die Schildkröte sah, befahl sie, sofort die Leber aus dem Versteck zu holen und zum Wasserpalast zurückzukehren.

Die Häsin lachte so herzlich, daß ihr Bauch wackelte und die Leber beinahe heraussprang.
»Was für eine Schildkröte bist du doch! Nun kann ich den Satz verstehen: ›So dumm wie eine Schildkröte.‹ Glaubst du wirklich, daß ich meine Leber wie eine Münze herausnehmen und wieder zurückstecken kann? Ich konnte den Drachenkönig und seinen ganzen Hof in meiner Stunde der höchsten Not an der Nase herumführen. – Schließlich hat die Krankheit des Drachenkönigs nichts mit mir zu tun. Du hast mich mit einem feinen Trick hineinlegen wollen, um auf Kosten meiner Leber hohe Belohnung zu erhalten. Ich hätte gute Lust, dich zu töten; doch in Anbetracht deiner guten Dienste – du hast mich schließlich durch Wind und Wellen vom Wasserpalast zu meinen Hügeln zurückgebracht – verzeihe ich dein Verbrechen und schenke dir den Rest deiner Tage, der dir noch verbleibt.
Jetzt aber schwimm zurück und erzähl deinem Drachenkönig, daß er meine Leber vergessen soll und den Tod mit fröhlichem Herzen umarmen möge: denn keine Medizin kann ewiges Leben spenden oder dem Tod widerstehen, der Prinz oder Bauer umarmt, wenn die Stunde Null gekommen ist.«

Die guten und die bösen Zauberfrüchte

Vor langer Zeit lebte im Lande Korea ein alter Mann. Als er seinen Tod herannahen fühlte und auf dem Sterbebett lag, rief er seine beiden Söhne zu sich und sagte zu ihnen: »Teilt euch meine gesamte Habe, mein Haus und meine Felder redlich. Ihr seid beide mein Fleisch und Blut, seid gut zueinander.« – Dann schloß er die Augen für immer.
Seine beiden Söhne hießen Hungbu und Nolbu, jeder hatte eine Frau und drei Kinder. Nolbu war von neidischer, selbstsüchtiger und gieriger Art, während sein Bruder Hungbu sein ganzes Leben gut und rechtschaffen lebte.

Für eine Weile herrschte Frieden zwischen ihnen. Aber das Herz von Nolbu war böse, und er begann, alles an sich zu raffen. Er betrog seinen Bruder, nahm jeden Groschen Geldes an sich und verlangte sogar von Hungbu, Miete für seine Unterkunft in dem väterlichen Hause zu zahlen, das sie gemeinsam geerbt hatten.

Nolbus Frau war genauso neidisch und niederträchtig wie ihr Mann. Sie nahm allen Reis und verkaufte ihn an Hungbu zu einem hohen Preis, wenn immer er und seine Kinder Hunger hatten. – Nolbus Kinder besaßen die schönsten Gewänder und waren von Kopf bis Fuß in Seide und Brokat gehüllt, Hungbus Kinder jedoch waren nur in armselige Fetzen aus Reissäcken gekleidet. Schlimmer noch war, daß auch die Kinder von Nolbu ganz böse waren und ihre kleinen Verwandten quälten, so daß es immer ein Weinen und Schreien im Hause gab. Es war ein recht trauriges Leben für die Familie von Hungbu, und es wurde immer schlimmer. Hungbu, seine Frau und seine Kinder wurden von Tag zu Tag ärmer und hungriger.

Schließlich sagte Hungbu zu seiner Frau: »So kann es nicht weitergehen. Alles was wir vom Vater geerbt hatten, ist jetzt dahin. Nolbu hat uns alles Geld und allen Reis weggenommen. Unsere Kinder sind in Lumpen und Fetzen gehüllt, und sie haben nicht einmal einen richtigen Schlafplatz.«

Am nächsten Morgen packte Hungbu seine Bündel und verließ mit seiner Familie das väterliche Haus. Sie waren alle sehr traurig, doch trotz all ihrer Sorgen versuchten sie ihr Schicksal mit einem freundlichen Lächeln zu ertragen. Sie zogen weit weg von der Stadt mit den bösen Erinnerungen und Hungbu baute eine kleine Hütte aus Stroh und wildem Bambusrohr auf einem grünen Hügel. – Aber das Haus war so klein und so niedrig, daß die Füße von Hungbu herausragten, wenn er sich niederlegte, und wenn er aufstand, stieß er mit den Schultern an das Dach.

»O, mein armer Mann«, seufzte Hungbus Frau und weinte bitterlich. »Was werden wir machen, wenn die Regen herunterströmen und wenn der Schnee kommt? Das Dach ist jetzt schon voller Löcher.«

»Mein liebes Weib«, sagte Hungbu, »sei nicht traurig über die Löcher im Dach. So werden Mond und Sterne öfter hereinsehen können, und sie werden jede Nacht mit uns sein. Wenn wir auch arm sind, so arbeiten wir doch unverdrossen und tun unser Bestes. Wir werden immer ehrlich und rechtschaffen bleiben. Wer weiß, vielleicht wird uns der Himmel eines Tages seine Belohnung dafür durch die Löcher im Dach unserer Hütte schütten.«

Die ganze Familie arbeitete hart, sie arbeiteten den ganzen lieben Tag und auch in der Nacht. Sie waren oft hungrig, und es war oft bitter kalt. Jedoch der Winter ging vorbei und der Frühling zog mit Blumen ins »Land der Morgenfrische«.[1] Schon fingen die Schwalben an, ihr Nest unter dem Dachfirst des Hauses von Hungbu zu bauen und sie zwitscherten und sangen dabei. Hungbu und seine ganze Familie freuten sich sehr, als die ersten Schwälbchen geboren waren. Für Eltern und Kinder war es eine große Freude, ihre kärgliche Nahrung mit den jungen Schwalben zu teilen.

Eines Tages fiel eine kleine Schwalbe aus dem Nest, und eine Schlange drohte sie zu verschlingen. Mit einem gewaltigen Satz sprang Hungbu hinzu und jagte die Schlange mit einem Stockschlag davon. Doch bei dem Fall aus dem Nest hatte sich das Schwälbchen den Fuß gebrochen. Hungbu hob liebevoll den kleinen Vogel auf, schiente mit großer Vorsicht den verletzten Fuß und brachte ihn wieder zurück in sein Nest.

Nun herrschte in der Südsee die Sitte, daß die Königin der Schwalben all ihren Untertanen, die im Frühling in den Norden zogen und im Herbst wieder zurückkehrten, einmal im Jahre eine Audienz gewährte. So konnte auch unsere kleine Schwalbe vor die Königin hintreten und ihr über Hungbu und seine gute Tat berichten. Die Königin war tief bewegt als sie die Geschichte hörte und gab der Schwalbe ein weißes Samenkorn, das sie im nächsten Frühling Hungbu als Geschenk mitbringen sollte.

Die Schwalbe flog wieder zurück und ließ das Korn genau vor Hungbus Füße fallen. Dieser war etwas erstaunt, aber dann beschloß er, das Samenkorn in seinen Küchengarten einzupflanzen. Als Hungbus Sohn am nächsten Morgen aufwachte, rief er voller Verwunderung und Staunen:

[1] alter Name für Korea.

»Im Küchengarten wächst eine Weinrebe! Ich sehe wie sie wächst und wächst.«
»Das ist aber merkwürdig«, sagte die Schwester.
»Das ist erstaunlich«, sagte die Mutter.
»Das ist wie ein Wunder«, sagte der Vater.
»Bäh, bäh«, quakte das kleine Brüderlein in der Wiege.
Die Pflanze wuchs und wuchs den ganzen Tag. Hungbus Familie schaute wie gebannt auf das seltsame Geschehen und wunderte und freute sich. Die Weinrebe kletterte erst über das Dach und dann hinunter in den Keller. Im Nu war das kleine Haus vollständig umrankt von ihren grünen Blättern. Duftende Knospen begannen zu sprießen und sich zu öffnen. Und die Kinder schliefen selig bei ihrem süßen Duft.
Am nächsten Morgen war Hungbus Sohn als erster auf den Beinen. »Hurra!« rief er, »wacht auf. Kommt und seht, was über Nacht geschehen ist.« — Alle waren starr vor Staunen, die Weinranke hatte fünf große Früchte bekommen, und sie waren so schwer, daß sie im Garten auf dem Boden lagen: ganze zehn Fuß rund und golden wie die Sonne.
Hungbu und seine Frau wollten erst diese seltsamen Riesenfrüchte pflücken, um sie zu kochen und die Schalen zu verkaufen. Aber die Früchte waren so hart wie Nußschalen, und so begannen sie die erste Frucht aufzusägen. Bald hatten sie das getan — und o Wunder über Wunder: Silber und Edelsteine, Bernstein, Korallen, Rubine und Smaragde fielen heraus. Schnell öffneten sie die nächste Frucht und ein Nebeldampf stieg auf und wuchs und wuchs in Windeseile zu einem prächtigen Haus, das plötzlich fertig da stand. In der dritten Frucht fanden sie Seide und Brokate, die in allen Farben schimmerten.
Als die vierte Frucht aufgeschnitten war, da strömten — so unglaublich es klingt — Berge von Reis heraus. Die fünfte Frucht wurde geöffnet. Wieder stieg Dampf auf, der Gestalt annahm, und plötzlich standen ein Dutzend Mägde und Knechte da, um Hungbu und seiner Familie zu dienen. Hungbu konnte es kaum fassen, daß er auf eine so erstaunliche und wunderbare Weise reich geworden war.
Als Nolbu sah, daß sein Bruder so wohlhabend geworden war, und als er die Geschichte von der Schwalbe und dem

wunderbaren Samenkorn gehört hatte, da verkrampfte sich sein Herz vor Neid. Er eilte nach Hause, warf einen Stein nach einer Schwalbe und brach ihr dann ein Bein. Er band schnell ein Stück Faden um ihr gebrochenes Bein und jagte sie auf und davon, damit sie zur Schwalbenkönigin flöge und ihm auch den wunderbaren Samen bringen sollte.
Die Schwalbe flog in den Süden und berichtete ihrer Königin die Grausamkeit und Herzlosigkeit, die sie von Nolbu erdulden mußte. Die Schwalbenkönigin war darüber bitterböse, trotzdem gab sie der armen Schwalbe im nächsten Frühling ein gleich aussehendes weißes Samenkorn, damit sie es Nolbu als Geschenk brächte. Die Schwalbe flog zurück und ließ das Samenkorn in die ausgestreckte Hand Nolbus fallen. Er grub es sofort — ohne ein Dankeswort zu verlieren — in seinem Garten ein.
Es verging eine Nacht nach der anderen und nach vielem Warten wuchsen schließlich die gleichen Früchte hervor, die Nolbu dann auch sofort erntete und kaum abwarten konnte, bis er sie schließlich aufgesägt hatte. Aus der ersten sprangen widerliche, häßliche Bonzen heraus. Sie machten einen Teufelslärm mit gräßlichen Knarren und hölzernen Schellen und forderten sofort gebieterisch nach Almosen. Nolbu war entsetzt und schnitt eilends die zweite Frucht auf. Aber es entquoll ihr nur eine Unmenge von Sand. Der blies in seine Augen und bedeckte alle seine Felder. Aus der dritten Frucht sprangen Kröten und Schlangen heraus, stürzten sich auf Nolbu und seine ganze Familie und bissen sie fürchterlich.
Voller Gier nach Gold machte sich Nolbu auch daran, die vierte Frucht aufzusägen. Doch zu seinem Entsetzen sprangen zwei besonders häßliche und bösartige Kobolde heraus, die Nolbu und seine Familie mit Keulen und Knitteln zu schlagen begannen. Nolbu und die Seinen schrien laut und flehten um Gnade, doch die Kobolde schlugen unerbittlich weiter.
Trotz all dieser bösen Erfahrungen wollte Nolbu nicht eher aufgeben, bis er auch die fünfte Frucht geöffnet hatte. Aber wie groß war seine Bestürzung, als nur eine übelriechende, gelbe Jauche in Strömen aus der letzten Frucht herausquoll, sich über Nolbus Anwesen ergoß und ihn und seine ganze Familie fast darin ertränkte.

Da kamen alle seine Nachbarn herbeigelaufen und lachten so über Nolbus Mißgeschick, daß sie sich ihre Bäuche halten mußten. Und zu allem Überfluß zog auch noch ein riesiger Schwarm von Schwalben über die Stätte des Unglücks, und alle Schwalben lachten ganz laut wie Menschen.
Da ging Nolbu in sich und sagte: »Ich war gierig nach Gold, und jetzt ist in meinem Haus nichts als eine Sintflut von Jauche. Das ist die gerechte Strafe für mich Elenden und für meine Gier und meine Schlechtigkeit.«
Nolbu war in wenigen Stunden zum Bettler geworden und hatte sein Haus in der gelben Jaucheflut und seine Felder unter dem Sand verloren. Da zog er mit seiner Familie zu dem wunderschönen Haus seines Bruders Hungbu und weinte vor Scham und Gewissensbissen.
Sofort trat Hungbu aus seinem Haus heraus und umarmte seinen Bruder. Nachdem er gehört hatte, welches Unglück Nolbu getroffen hatte, versuchte er seinen Bruder zu trösten. Er füllte eine große Schale mit goldenem Wein, reichte sie Nolbu und sagte: »Trinke und vergiß deine Sorgen.« Dann nahm er seinen Bruder und seine Familie in sein Haus auf, und fortan lebten sie in Frieden und Eintracht unter demselben Dach.

Die stolze Königin des Mäusereiches

Ein gewaltiger Felsen ragte am Rande des Gebirges Nonsan, im Norden Koreas, mit einem Bildnis Buddhas in den Himmel und trotzte allem Ansturm von Wind und Wetter. – Unter dem Felsen hauste ein ganzes Volk in ungezählten Kammern und Gängen. Und ungezählte kleine Ausgänge führten in die freie Natur. Die schönste Wohnung unter dem Felsen hatte jedoch die Königin des Mäusereiches, von deren Stolz hier berichtet wird.
Es war ein großes Fest, das gefeiert wurde, als die Mäusekönigin zwölf Kinder auf einmal geboren hatte. Von rings-

umher strömten die Freunde und Freundinnen herbei, der Königinmutter Glück zu wünschen. Sie brachten Geschenke aller Art: ausgesuchte duftende Fleischstücke, Reis und Körner, kurz alles, was ein Mäuseherz erfreuen konnte. – Alle waren ausgelassen, lustig, jubelten und tanzten bis spät in die Nacht hinein. Der Saal hatte gedämpftes Mondlicht, und ab und zu flog ein Leuchtkäfer durch den weiten Raum. Die Mäusemutter war glücklich wie noch nie. Sie hatte den schönsten und größten Saal von allen Wohnungen, liebe Kinder, und vor dem Eingang, der in den unterirdischen Palast führte, lag ein herrlicher Garten mit duftenden Blumen und schattigen Sträuchern.

Nun saß die Königin mit ihren Freundinnen zusammen beim Festmahl und erzählte von ihren früheren Reisen und Erlebnissen. Besonders gerne erzählte sie von den Menschen, ihren Schätzen, ihrer Weisheit, ihrer Kraft, ihren Sitten und Gewohnheiten. Eine Zeitlang war sie selbst am Hofe eines Menschenkönigs gewesen. Sie konnte zwar nur insgeheim ihre Spaziergänge durch den Königspalast machen, aber sie hatte doch alles gesehen: das funkelnde gelbe Gold, die fünffarbige Seide, die bunten Teppiche und schweren Vorhänge, die schimmernden Porzellanvasen und die anmutigen Bilder mit den sonderbaren Inschriften. Lange Zeit war schon darüber vergangen, aber sie hatte nichts vergessen und erzählte begeistert davon. Die Zuhörer lauschten gespannt; so etwas konnten sie sich gar nicht vorstellen. Bei manchen aber war die Reiselust erwacht, und sie kehrten mit neuen Zukunftsplänen in ihre Behausungen zurück.

Schließlich war die Königinmutter mit ihren zwölf Kindern allein. Es waren elf Knaben und nur ein Mädchen, aber allerliebst anzuschauen. Das graue Prinzeßchen war der Mutter seligste Freude und Stolz. – Von Tag zu Tag wuchsen die Kleinen, das Prinzeßchen wurde immer schöner, aber auch der Stolz der Mäusekönigin kannte keine Grenzen. Die Besuche von Verwandten und Bekannten häuften sich, ein Fest folgte auf das andere. Die stolze Königin lebte in einem wahren Freudentaumel, und eines Tages schwor sie in Gegenwart aller: »Ich will meine liebe Prinzessin nur dem Mächtigsten in dieser Welt zur Frau geben!«

Tiefe Stille trat ein, als sie dies gesagt hatte. Auch die vielen Freier wurden ganz kleinlaut, und man begann zu beraten, wer denn der Mächtigste in dieser Welt wäre. Einige meinten die Katze, aber die meisten widersprachen. Wohl war die Katze von allen gefürchtet – sie war die Erbfeindin –, aber sie wußten wohl, und hatten es schon mit eigenen Augen gesehen, daß auch Katzen von anderen Tieren gefangen und getötet oder von Menschen ertränkt wurden.
Einige meinten, die Menschen seien die Mächtigsten; doch es entstand neuer Widerspruch. Die Menschen töten einander oder werden von wilden Tieren zerrissen. Blitz und Sonnenlicht seien stärker als die Menschen. – Die Mäusemutter war froh über diese Entscheidung, denn einem Menschen wollte sie ihr Prinzeßchen doch nicht anvertrauen. Sie hatte selbst einige Male erlebt, daß Menschen mit Stöcken nach ihr geschlagen oder mit Steinen nach ihr geworfen hatten.
Also das Licht, das Sonnenlicht, ist mächtiger als Tiere und Menschen. Der Sonnenkönig mußte in der Tat ein gewaltiger Herrscher sein! Wenn er erscheint, kommt Leben in die gesamte Natur, in Pflanzen, Tiere und Menschen. – Mit Ungeduld wartete die Königinmutter auf den Morgen, dann führte sie das Töchterchen aus dem dunklen Palast. Sie war so schön, das graue Gewand kleidete die kleine Prinzessin ausgezeichnet. Und erfreut küßte die Mutter ihr Kind auf die Stirn.
Jetzt kamen die ersten Sonnenstrahlen. Mutter und Tochter badeten sich in dem weichen Licht, knusperten ab und zu und nahmen ihr Frühstück. Allmählich wurden die Strahlen immer heißer. Das graue Prinzeßchen versteckte sich im Schatten der Gräser und Blumen, die Mäusemutter aber wartete ungeduldig, bis die Sonne ganz nahe kam und ihre Strahlen am heißesten schienen. Dann trat sie frei hervor und rief: »Großer Sonnenkönig! Ich bitte dich um Gehör!«
Freundlich blickte der Sonnenball herab und forderte die Mäusekönigin auf zu sprechen. Und die Mäusemutter begann:
»Ich habe geschworen, meine Tochter nur dem Mächtigsten zur Frau zu geben, und der bist du! Ich bitte dich, sei meiner Tochter ein lieber Gemahl!«

Der Sonnenkönig senkte sein Antlitz, dankte und sprach: »Liebe Königin der Mäuse, dein Anerbieten ist sehr schön und ehrenhaft, aber ich kann deine Tochter nicht zur Frau nehmen, es gibt mächtigere Herren als ich, und das sind die Wolken. Wenn sie kommen, bin ich machtlos und schwach.«

Kaum hatte er dies gesagt, so zogen sie daher, düster und schwer, und die Sonne wurde verdunkelt. Und Mutter und Tochter, die sich vorher in der Sonnenwärme so wohl gefühlt hatten, begannen zu frieren. Immer dichter jagten die Wolken dahin, jetzt senkten sie sich als nasse Nebel auf die Erde, auf Gräser und Blumen. Das graue Kleid der Mäuseprinzessin wurde feucht und glitzerte wie Edelgestein. So schmückte sie sich als Braut für den Wolkenkönig. Die Mutter selbst erschauerte vor der Kälte, aber sie hatte geschworen, und da gab es kein Zurück. Darum faßte sie sich und sagte:

»Gestrenger Nebel- und Wolkenkönig! Die Sonne sagte, du seiest mächtiger als sie. Ich aber habe geschworen, mein liebreizendes Töchterlein nur dem Mächtigsten auf dieser Welt zu geben. So nimm du sie als Gemahlin und führe sie in deinen Wolkenpalast!«

Doch rauh und kalt antwortete der Wolkenherr: »Nein, ich kann sie nicht nehmen, ich bin nicht der Mächtigste. Der Wind ist stärker als ich, ich bin nur sein Knecht.« –

Jetzt fing es in der Ferne zu brausen und zu heulen an. Ein heftiger Wind jagte den Nebel hinweg, und am Firmament hoch oben wurden die Wolken ruhelos weiter getrieben. Ein Wirbelwind pflückte Blätter von den Bäumen, bog die stolzen Kiefern, Weiden und Pappeln, jagte der Mäusemutter den Staub in die Augen und begann vor ihr sich im Kreis zu drehen. Grölend und fauchend wand er sich vor dem Felsen in die Lüfte.

Die graue Prinzessin war angstvoll in den Palast zurückgesprungen, die Mutter aber blieb draußen. Sie saß mitten im Wirbelwind. Ihr schauderte, aber sie faßte all ihren Mut zusammen und sprach:

»Herr Windkönig! Du bist der Mächtigste! Dir gebe ich mein schönes Töchterchen zur Braut. So habe ich es geschworen!«

Der Wind blies noch stärker, hob die graue Königin etwas

in die Höhe und sprach spottend: »Der Mächtigste? Nein, der bin ich nicht! Ich kenne jemand, der mächtiger ist als ich. Wie sehr ich mich auch bemühe, hier diesen gewaltigen Felsen zu stürzen, ich kann es nicht! Ich kenne nur einen, der es vermag, und der seid ihr – die Mäuse unterhalb des mächtigen Felsens! Dort wühlt und grabt ihr so lange, bis dieser Steinriese fällt.
Du hochmütige Maus, wo willst du hinaus? Gib dein Töchterchen einem Mäuseprinzen, sei zufrieden mit deinem einfachen Los und strebe nicht nach fernen, unerreichbaren Dingen!«
Darauf zog sich die stolze Königin des Mäusereiches beschämt in ihren unterirdischen Palast zurück.

Der Brief des Raben

Als Sotji, König des Silla Reiches in Korea, noch jung war, liebte er Reiten und Bogenschießen. – Eines Tages ritt er wieder voller Tatendrang in die Berge. Den Köcher mit Pfeilen hatte er um die Brust gegürtet, über den Schultern trug er seinen großen Bogen. Sein Schimmel hatte einen silbernen Sattel; frisch trabte er voran.
Plötzlich bemerkte der junge Königssohn, wie über einem Baum ein Rabenpaar ängstlich hin und her flatterte und klagevoll ihr »kräh, kräh« krächzten. Sotji fand das sonderbar und ritt näher. Da sah er, daß hoch oben in den Ästen des Baumes ein Nest hing, in dem junge Raben saßen; gleichzeitig erblickte er eine große Natter, die sich schnell auf den Baum hinaufwand, um die Jungen zu holen.
Der Prinz hielt sein Pferd an und dachte: »Selbst so unscheinbare Tiere wie jene Raben lieben ihre Jungen und sorgen sich um ihr Leben. Ich will ihre Feindin, jene große Schlange, mit meinen Waffen erlegen.«
Schnell nahm er einen Pfeil aus dem Köcher, legte ihn auf den Bogen und zielte auf die Schlange. Schnurgerade flog

der Pfeil hinüber und durchbohrte den Leib der großen Natter; sie war sofort tot.
Die beiden Rabeneltern flogen auf und ab und kreisten einige Male über dem Kopf von Sotji, als ob sie ihren Dank abstatten wollten.
Wenige Jahre später wurde Sotji König von Silla. Eines Tages machte er in Begleitung seiner Minister und seines Hofstaates einen Ritt zum »Pavillon der Himmelsquellen«. Alle waren froh und vergnügt –, plötzlich erschien ein Rabe, hielt im Schnabel eine silberne Dose und ließ sie vor dem Pferd des Königs fallen. Der König erschrak, ließ sich die Dose geben und öffnete sie: es lag ein Brief darin. Auf dem Umschlag standen folgende Worte: »Der kleine Rabe hat vom großen König eine Gunst erhalten, so groß und weit wie das Meer. Zum Dank bringt er diesen Brief.«
Auf dem Brief stand folgende rätselhafte Inschrift: »Wenn du diesen Brief öffnest, werden zwei Menschen sterben. Öffnest du ihn nicht, wird nur ein Mensch sterben.« –
Der König fand dies sehr sonderbar und sagte: »Ich bin nicht gewillt, einen Menschen zu töten. Aber wenn nach dem Gesetz des Himmels beschlossen ist, daß zwei Menschen sterben sollen und ich habe die Macht, einen davon zu retten, so will ich das tun: ich werde den Brief nicht öffnen.«
Im Gefolge des Königs befand sich ein sehr gelehrter alter Minister. Als er die Worte des Königs gehört hatte, verneigte er sich tief und sagte:
»Majestät! Diese Angelegenheit ist keine gewöhnliche. Vielleicht können wir dadurch, daß wir den Brief öffnen und lesen, auch das Leben zweier Menschen retten. – Mir ahnt, daß dem heiligen Leib des Königs ein Unglück droht. Wir müssen ohne Zögern den ganzen Inhalt des Briefes kennen.« – Dann verneigte er sich wieder und ließ den König in Gedanken.
Nach langem Zögern öffnete König Sotji den Brief und fand folgenden Inhalt: »Der König möge den Kasten der Zither, die er mit so großem Geschick spielt, mit seinem Bogen durchschießen.«
Für diesen Tag beschloß der König, den Vergnügungsritt zu beenden und befahl heimzukehren. Im Palast angekommen, ging er unverzüglich mit Pfeil und Bogen in sein

Schlafgemach und schoß auf den langen Kasten, in dem seine Zither aufbewahrt war. Da ertönte ein leises Wimmern, und Blut rann aus dem Kasten. Schnell öffnete der König den Deckel und sah zu seinem großen Erstaunen, wie ein Bonze, der einen Dolch krampfhaft in seinen Händen hielt, in seinem Blut lag.
Der König wurde sehr zornig und fragte die Diener des Palastes, wie dieser elende Schurke in sein Schlafgemach hineingekommen sei. Da erfuhr er, daß einer seiner Minister den scheinbar betenden Bonzen in den Palast geführt hatte. Der König ließ den treulosen Minister rufen und hielt ihm sein Unrecht vor. Dieser mußte sein ruchloses Vorhaben, den König ermorden zu wollen, eingestehen und wurde sofort zur Hinrichtung hinausgeführt.
So hatte sich der Inhalt des rätselhaften Briefes bewahrheitet: Hätte der König den Brief nicht geöffnet, so wäre er selbst ein Opfer des Todes geworden. Weil er jedoch den Brief gelesen hatte, wurden zwei Elende gerecht bestraft.
Da der König einem Raben sein Leben verdankte, befahl er, daß jedesmal an diesem Tag den Raben ein leckeres Mahl bereitet werde. Und so geschieht es bis auf den heutigen Tag: Am vierten Tag des achten Mondmonats legen die Koreaner den Raben Futter vor ihr Haus.

Der Bettler U-Ontal und die Königstochter

Es war einmal ein Mann, der hieß U-Ontal. Sein Gesicht war außergewöhnlich häßlich, wenn man ihn ansah, mußte man lachen. Überdies war er so arm, daß er von Hütte zu Hütte ziehen und betteln mußte, um sein Leben zu fristen. Die Leute verlachten und verspotteten ihn und nannten ihn »den verrückten U-Ontal«.
Dieser Name wurde schließlich so volkstümlich, daß man jeden dummen Menschen mit U-Ontal bezeichnete und dieses Wort ein Spottname für die Kinder wurde. In Wirk-

lichkeit war aber U-Ontal durchaus nicht dumm, im Gegenteil; er hatte ein goldenes Herz und einen klaren Verstand. Alle die kleinen Arbeiten, die er verrichtete, gelangen ihm vortrefflich; aber dies beachtete niemand, denn er war eben der dumme U-Ontal.

In jener Zeit, im 6. Jahrhundert n. Chr., regierte König Pyongwon. Er hatte eine Tochter, die von Kindheit an, den Tränen immer sehr nahe war. Ihr Vater, der König, schalt sie darob oft und sagte: »Schämst du dich nicht, in einem fort zu weinen? Wenn du nicht sogleich aufhörst, gebe ich dich später dem U-Ontal zur Frau!« – So sprach der König oft zur kleinen Prinzessin, so daß diese schließlich dachte, es müsse so sein.

Nun war die Königstochter herangewachsen. Eines Tages kam ein Edelmann namens Ko zum Königshof und begehrte das Mädchen zur Ehegemahlin. Der König war nicht anwesend, und die Prinzessin sagte ganz entschieden: »Nein! Es ist der Wille meines Vaters, daß ich dem U-Ontal angehören soll. Unmöglich kann ich eines anderen Frau werden.«

Traurig ging der Edelmann wieder fort; er konnte nicht begreifen, wie man einen verrückten Bettler ihm vorziehen könne. Als aber der König davon erfuhr, wurde er sehr zornig und sprach zu seiner Tochter: »Wie konntest du so zu einem Edelmann sprechen? Warum hast du mir nichts gesagt?«

Bescheiden antwortete das Mädchen: »Hundertmal hast du mir gesagt, du würdest mich dem U-Ontal zur Frau geben. Wie sollte ich als gehorsame Tochter an deinen Worten zweifeln?«

Der König wurde daraufhin noch zorniger und befahl seiner Tochter, sie solle sofort den Palast verlassen; er könne sie ob ihrer Torheit nicht mehr als seine Tochter anerkennen.

Das Mädchen wurde recht traurig, aber sie wußte, daß der Entschluß des Vaters ein endgültiger war, und so beschloß sie, den Palast sofort zu verlassen. Vorsichtig nahm sie aus ihrer Schatztruhe mehrere Dutzend goldene und silberne Kostbarkeiten heraus und wickelte sie in ein Tuch. Dann ging sie allein in die finstere Nacht hinaus.

Lange war sie umhergeirrt, endlich fand sie das Haus des

Bettlers. U-Ontal selbst war nicht zu Hause, wohl aber seine Mutter. Die Königstochter erzählte ihre Geschichte. Die alte Frau sagte schließlich kopfschüttelnd: »Das Aussehen meines Sohnes ist ganz schrecklich und sein Gebaren oft unverständlich. Wie kann ein so vornehmes Geschöpf wie du seine Ehefrau werden? Wenn ich dein Gesicht und deine Hände betrachte, so muß ich dich vielmehr für eine Herrin halten. Wie konntest du nur in ein so kleines und unansehnliches Haus kommen? Ich glaube, du mußt dich geirrt haben.«
Doch die Königstochter beharrte darauf, daß sie U-Ontal aufsuchen wolle, und fragte, wohin er gegangen sei. Die alte Mutter erwiderte, daß U-Ontal in die Berge gegangen sei, um Baumrinde abzuschälen.
Nun ging das Mädchen hinauf in die Berge, um U-Ontal zu suchen. Es dauerte nicht lange, da kam er daher; auf dem Rücken trug er einige große Bündel sonderbarer Baumrinden.
Die Königstochter sprach ihn an und erzählte kurzerhand, daß sie gekommen sei, um seine Frau zu werden. Doch U-Ontal erwiderte:
»So kann ein junges Mädchen nicht handeln: Wenn du nicht ein verwandelter Fuchs bist, so bist du ein Geist.« – Mit diesen Worten trieb er sie fort.
Kong-tschu, die Königstochter, weinte, jedoch sie folgte von weitem U-Ontal und kam wieder in das arme Haus zurück. Dort klagte sie der Mutter U-Ontals ihr Leid, und diese sagte endlich: »Wenn eine so holdselige Fee wie du in meinem Hause weilt, dann kann das Glück nicht ausbleiben. Ich will dir keine Schranken setzen und kann dir nichts befehlen.«
Die Prinzessin sagte: »Es gibt ein altes Sprichwort, das heißt: Wenn der Faden auch nur eine Elle Tuch gibt, so muß man ihn weben; und wenn die Hirse auch nur einen Scheffel mißt, so muß man sie stampfen. Nie darf man verzagen.«
Die Mutter rief nun ihren Sohn, und dieser erklärte sich nach einigem Widerstreben bereit, auf den Wunsch der Königstochter einzugehen und sie in der Hütte wohnen zu lassen.
Im Hause war nicht ein Sack Reis vorhanden; jedoch das

beherzte Mädchen verkaufte einige Gegenstände von ihrem mitgebrachten Goldschatz und kaufte aus dem Erlös Reis, Felder und Einrichtungsgegenstände. Dann überredete sie U-Ontal, Reiten und Bogenschießen zu lernen.

»Kaufe aber ja kein Zugpferd, sondern ein richtiges Reitpferd, das wegen Krankheit aufgegeben worden ist!« riet das mutige Mädchen.

U-Ontal ging auf die Suche und kaufte billig einige solcher Reitpferde ein. Die Königstochter heilte sie mit Kräutern und Säften, fütterte sie gut und zog sie auf. Es wurden feurige Rosse. U-Ontal ritt nun täglich aus und übte sich fleißig im Bogenschießen.

Nun war es im Reiche Kokuryo Sitte, daß am dritten Tage des dritten Mondmonats ein großes Jagen verantstaltet wurde. Es war ein Hochfest für alle. Das ganze Volk durfte sich beteiligen. Der König selbst ritt mit seinen Ministern aus zur Jagd. Auch U-Ontal bekam von der Königstochter den Auftrag, hinauszureiten. Sein Pferd war weitaus das schnellste. Immer war er an der Spitze des Jagdzuges und brachte eine riesige Jagdbeute zusammen. Da ließ ihn der König rufen, fragte nach seinem Namen und ehrte ihn sehr.

Es geschah nun, daß der Kaiser Tschumu von China ein großes Heer schickte und Kokuryo bekriegte. Der König und seine Soldaten zogen dem feindlichen Heer entgegen, auch U-Ontal war im Gefolge. Er zeichnete sich besonders durch seine Geschicklichkeit und seinen großen Mut aus und tötete viele Feinde. Der Kaiser wurde geschlagen und mußte sich eilig zurückziehen.

Der Sieg war vollständig. Der König rief eine Versammlung ein, um seine tapfersten Krieger zu belohnen. Einstimmig sagten alle Heerführer: »Nur dem Mut, der Tapferkeit und dem Verdienste U-Ontals ist der Sieg zu verdanken.«

Über dieses Lob war der König hocherfreut und sagte: »Dieser ist wahrhaftig mein Schwiegersohn!« und er umarmte ihn. In der Folge verlieh er ihm den Adel und die höchsten Orden und zeichnete ihn vor allen aus.

Nun stand der Hochzeit nichts mehr im Wege, und sie wurde mit großem Pomp gefeiert.

Der verschlagene Wolf und der noch listenreichere Fuchs

Vor langer, langer Zeit, als der Tiger noch lange Pfeifen zu rauchen pflegte, wurde er als König der Tiere hoch verehrt. Eines Tages wurde er schwer krank. Er konnte nicht mehr ausgehen und mußte auf seinem Lager große Schmerzen erdulden. Alle Tiere waren voller Sorge über die Krankheit ihres Königs, und sie kamen, um sich nach dem Befinden ihres Herrschers zu erkundigen. Es kamen selbst die, die sonst nie ihrem König unter die Augen treten wollten.

Der Wolf beobachtete sorgfältig, wer kam. Er hatte alle Tiere gesehen, jedoch der Fuchs war nicht erschienen. Der Wolf war dem Fuchs nie von Herzen wohlgesinnt und dachte sogleich, daß dies eine vortreffliche Gelegenheit sei, um den Fuchs ans Messer zu liefern. Er trat mit sorgenvollem Gesicht zum Krankenlager des Tigers und sprach: »Erhabene Majestät, allerdurchlauchtigster Fürst! Alle deine Diener sind bereits gekommen, um sich nach dem Zustand deiner Krankheit zu erkundigen, nur einer kam bis heute noch nicht. Es ist der Fuchs. Dieser Streuner ist noch nicht gekommen. Nach den bestehenden Gesetzen muß er wegen dieses schweren Vergehens sterben.«

Der Tiger hörte dies, wurde zornig und gab den strengen Befehl, den Fuchs zu töten.

Nun hatte aber der Fuchs außerhalb des Tigerpalastes, wo er herumstreunte, alles gehört und ersann eine List: er wartete, bis der Wolf herausgekommen war, dann ging er hinein und grüßte überaus demütig. Der Tiger aber fuhr ihn heftig an, der Fuchs jedoch verlor die innere Fassung nicht. Er warf sich auf die Erde und sprach:

»Großer König, höre, warum dein Diener erst so spät hier eintrifft. Es sind zwar alle deine Untertanen dagewesen und haben sich nach deinem Befinden erkundigt, doch kein einziger hat eine Arznei mitgebracht, die dir helfen könnte. Das Fragen nach der Krankheit allein nützt nichts, dadurch wird die Krankheit nicht geheilt.

Ich hatte deinetwegen wirklich große Sorgen. Ich habe alle Länder durchforscht, um die richtige Arznei für dich zu finden. Und nach vielem Suchen habe ich schließlich das Heilmittel gefunden, das dich, großer König, retten kann. Und so kommt es, daß ich erst heute bei dir eintreffe. Großer König, freue dich, daß nun das Mittel gefunden ist, um deine Leiden zu beenden.«

Der Tiger hörte diese Worte mit großem Staunen und großer Freude und sprach: »Wahrlich, du bist mir ein Diener, so notwendig wie Hände und Füße! Fast hätte ich einen Freund töten lassen, der mir so nahe ist wie mein Atem und der vor mir wie eine Säule steht. Das wäre doch schade gewesen! Sprich ohne Furcht: Welche Arznei benötige ich?«

Der Fuchs antwortete: »In Indien hat mir ein berühmter Arzt gesagt: Für diese Art Krankheit gibt es nur eine Medizin und das ist . . . die Leber eines Wolfes!«

So sprach der Fuchs und entfernte sich, nochmals ehrerbietigst grüßend.

Der Tiger erließ sogleich den Befehl, den Wolf zu töten und fraß die Leber als Medizin, denn schon ein altes Sprichwort sagt: ›Wer anderen eine Grube gräbt, fällt selbst hinein‹.

Der weise Mandarin

Mit einer kostbaren Last von 32 kleinen Ballen feingewebter Seide wanderte ein Seidenhändler gegen Süden, um auf dem Markte von Sariwon seine kostbaren Seidenballen zu verkaufen. Der Weg war lang, und so wurde er von der Nacht überrascht, ehe er noch ein Dorf oder ein Gasthaus erreicht hatte. In der Nähe des Weges fand er schließlich das Grab eines Vornehmen. Zwei mächtige Steinfiguren standen zu beiden Seiten des Grabhügels. Hier wollte der Seidenhändler übernachten. Er band die Seidenballen zusammen und legte sein müdes Haupt darauf. Bald war er eingeschlafen, denn die Hitze und der Weg hatten ihn recht müde gemacht.

Am anderen Morgen, als er erwachte, war das Bündel mit

den Seidenstoffen verschwunden, und er selbst lag mit dem Kopf auf einem harten Stein. Erschrocken fuhr er zusammen: eine jahrelange Arbeit und der Lebensunterhalt für ihn und seine Familie waren nachts gestohlen worden.

In seiner Not eilte er zum Mandarin und klagte ihm sein Leid. Dieser Mandarin war gerecht gegen Arme und Unterdrückte, aber hart gegen Übeltäter. Deshalb wurde er vom Volk geliebt, und mancher Gedenkstein stand schon am Rande des Weges am Eingang zu dem Marktflecken und pries die Tugend dieses Mandarins.

Bald begann das Verhör.

Richter: »Hast du niemand in der Nähe des Grabes gesehen?«

Ankläger: »Nein. Nur ein paar große Steinfiguren standen zu beiden Seiten des Hügels.«

Richter: »Also kein menschliches Wesen war zugegen.«

Ankläger: »Ich habe wirklich keinen Menschen gesehen.«

Richter: »Dann müssen die beiden Steinfiguren geholt werden: sie werden Zeugen sein.«

Die Leute wunderten sich darüber, daß man die Gräber plündern und die beiden Steinklötze von dort wegnehmen wollte, aber der Mandarin blieb fest: »Das Gericht und die Gerechtigkeit verlangen es so. Diebstahl ist ein großes Unrecht, das selbst die vernunftlose Natur verabscheut.«

Die ganze Bevölkerung war aufgebracht und neugierig dazu. Alle drängten, bei der Gerichtssitzung zugegen sein zu dürfen. Zunächst wies der Richter ab, doch schließlich war er einverstanden, daß dreißig Mann aus der Ortschaft der Verhandlung beiwohnen dürften.

Der Prozeß begann. Zuerst wurden einige Sätze aus den Büchern des Konfutse, dann einige Paragraphen der Landesgesetze verlesen. Alles war schweigsam und still. Laut und feierlich fragte der Mandarin einen der Steinkolosse, die in den Gerichtssaal geschleppt worden waren: »Hast du die Seide gestohlen?«

Die Steinfigur blieb stumm. Der Richter urteilte: »Wenn sie nicht spricht, soll sie sechzig Stockhiebe bekommen.« Die Gerichtsdiener nahmen ihre schweren Eichenholzprügel und schlugen fest auf die Steine ein. Die Leute konnten sich des Lachens nicht erwehren, der Mandarin aber wurde zornig und sprach: »Wenn ich ein Urteil spreche, gibt es nichts zu lachen; das verdient Strafe.«

Die Zuhörer baten um Verzeihung, der Richter aber bestand auf Strafe: »Jeder soll ein Bündel feiner Seide kaufen und sie zum Gerichtsort bringen.«
Die dreißig Teilnehmer wollten sich wehren, wurden aber abgewiesen. Schließlich zogen sie diese Strafe einer noch härteren vor und verließen das Gerichtsgebäude. Bald kamen sie – jeder mit einem Bündel Seide unter dem Arm – zurück.
Kaum sah der Seidenhändler das Gewebe, so rief er: »Das ist doch mein gestohlener Seidenstoff!«
Der Richter fragte nach, von wo man die Seide hergebracht hatte. Der Verkäufer wurde geholt, und bald hatte man auch den Dieb gefangen.
So waren tatsächlich die beiden Steinfiguren zum Ankläger des Diebes geworden; und es hatte sich bewahrheitet, daß selbst die vernunftlose Natur den Diebstahl verabscheut.

Das Kästchen des Wasserkönigs

An der Meeresküste von Kanghoa wohnte ein alter Fischer mit seiner Frau. Weit und breit lebte sonst kein Mensch. Die einzige Unterhaltung und Abwechslung brachten ein Hund und eine Katze, die beide mit großer Treue ihrer Herrschaft dienten.
Eines Tages war der arme Fischer wieder an die Meeresküste gegangen und hatte dort sein Netz ausgeworfen. Als er es nach einiger Zeit ans Land ziehen wollte, war es furchtbar schwer. Er fand im Netz einen ungeheuer großen Fisch; aber damit wußte der arme Fischer nichts anzufangen, und so ließ er ihn wieder frei. Doch der Riesenfisch verschwand nicht sofort im Wasser, sondern schlug einen Purzelbaum und stellte sich dann aufrecht vor den wackeren Fischer und sprach: »Ich danke dir, daß du mir das Leben wiedergegeben hast. Ich bin der Sohn des Wasserkönigs. Mein Vater hat mir verboten, in das Netz zu gehen.

Doch ich war neugierig und wollte sehen, was die bösen Menschen mit mir anfangen würden. – Du hättest mich töten können, aber du warst barmherziger als andere Menschen, und darum danke ich dir. Komm von nun ab jeden Tag hierher und weine und klage. Mein Vater wird eines Tages erscheinen und sich nach deinem Leid erkundigen. Dann darfst du jeden Wunsch aussprechen, und der Meereskönig wird ihn erfüllen. Verlange aber nichts Törichtes, sondern das Kästchen, das bei meinem Vater auf dem Tisch steht.«

Mit diesen Worten verschwand der geheimnisvolle Fisch. Der alte Fischermann ging nach Hause und erzählte alles seinem Eheweib. Auch Hund und Katze hörten andächtig zu, und es herrschte große Freude im kleinen Fischershaus.

Tag für Tag ging der Fischer an den Strand und weinte und jammerte. Noch waren keine sieben Tage verflossen – die Sonne war gerade dabei, im Meeresspiegel zu versinken –, da erschien plötzlich ein ganz gewaltiger Fisch an der Küste. Die Schuppen glänzten wie Gold, und aus dem Maul sprühte Feuer. Der arme Fischer bekam große Angst, am liebsten wäre er davongelaufen. Doch die großen Augen des Fisches – es war ja der Meereskönig – starrten ihn an und bannten ihn am Platze fest.

Der Fischer fürchtete, eine Donnerstimme zu hören, aber milde fragte der Meereskönig: »Menschenkind, was fehlt dir? Warum weinst und klagst du Tag für Tag?«

Wieder fing der Alte an zu weinen und erzählte, wie er so alt und arm sei, der gute Meereskönig möge doch helfen. Der König versprach es und nahm den Fischer mit sich auf den grünen Grund des Meeres in seinen Königspalast. Dort bewirtete er den armen Fischer und fragte, was er sich denn wünsche. Schnell antwortete der alte Fischersmann: »Hier, dieses Kästchen auf dem Tisch.«

Da wurde der gastfreundliche König erst traurig, schüttelte ein paarmal mit dem Kopf – aber schließlich gab er das Kästchen mit folgenden Worten her: »Du weißt nicht, um welchen Schatz du gebeten hast. Dieselbe Gewalt, die ich im Meer als König habe, wirst du und deine Frau mit diesem Kästchen auf der Erde bekommen. Hüte diesen Schatz und vergiß mich niemals! Solange ihr treu seid, wird das Kästchen seine Wunder tun, wenn ihr aber einmal untreu werdet und eine Schlechtigkeit begeht, dann wird das Kästchen seine Wunderkraft verlieren.« – Nach diesen Worten trug ein großer Fisch den Fischer mit Blitzesschnelle wieder hinauf auf die Oberfläche des Wassers und an die Meeresküste.

Der arme Fischer brachte das Kästchen seiner Frau. Es war mit Perlmutter ausgelegt, aber sonst war es leer. Da wußten beide nicht, was sie mit dem Kästchen anfangen sollten. Der alte Fischer schaute hinein, sagte aber nichts. Nun nahm auch die Fischersfrau das Kästchen und blickte hinein. Da sah sie, wie sich ihr Gesicht im Perlmutter spiegelte, und sie rief: »Ein Spiegel! Ein Spiegel!« – Aber kaum hatte sie die Worte ausgesprochen, da lag ein schöner runder Gegenstand in dem sonst leeren Kästchen: Es war ein Bronzespiegel. Noch nie hatten die beiden Fischersleute ein so wunderbares Ding gesehen.

Nun hatten sie auch das Geheimnis des Kästchens entdeckt: man brauchte nur hineinzusprechen, und alles Gewünschte kam aus dem Wunderkästchen heraus. Jetzt war das Glück und die Freude der beiden Alten grenzenlos. Sie erkannten, daß es die Belohnung dafür war, daß sie sich jahrzehntelang geliebt und das nie ein böses oder scharfes Wort über ihre Lippen gekommen war. –

Beide berieten immer gemeinsam, wenn sie sich etwas aus dem Kästchen wünschten; so erforderte es die Liebe. Eines Tages aber – der Fischer war, obwohl er es nicht nötig gehabt hätte, wieder hinausgegangen zum Fischen – da dachte sich die Fischersfrau zu Hause, sie wolle sich einmal ohne Wissen des Mannes etwas wünschen. Sie hätte so gerne einen Erben gehabt. Nun holte sie das Kästchen hervor, aber kaum hatte sie die Worte hineingerufen, da wurde das Kästchen immer kleiner und kleiner, und zuletzt verschwand es.

Abends kam der Fischer müde nach Hause. Er wollte gleichfalls in das Wunderkästchen sprechen und sich sein Abendbrot bestellen, da war das Kästchen verschwunden. Sogleich kam auch die Fischersfrau und klagte, daß durch ihre Schuld der Schatz verlorengegangen sei. Nun kam über das Fischerhäuschen große Trauer, und die Klagen wollten kein Ende nehmen.

Hund und Katze hatten alles mit angesehen und hatten Mitleid mit ihren Wohltätern. Sie berieten, wie sie helfen könnten. Die Katze wußte Rat: Sie hatte mit ihren grünen leuchtenden Augen gesehen, wie das Kästchen nachts auf dem Meere zu einer nahen Insel geschwommen war. Dorthin mußten beide gehen, wenn sie den Schatz wieder gewinnen wollten. Ihr Plan war auch bald beschlossen, die Katze sprang auf den Rücken des Hundes, und dieser schwamm mit ihr zur Insel. Auf der Insel angekommen, fanden sie einen großen schönen Palast; dort mußte das Kästchen sein.

Als es Nacht wurde, versteckte sich die Katze und begann, nach Mäusen zu jagen. Es dauerte nicht lange, und sie hatte eine prächtige fette Maus mit klugen Augen gefangen. Mit freundlichen Worten versprach ihr die Katze das Leben, wenn sie zeigen würde, wo das Kästchen sei. In Todesangst berichtete die Maus genau, wie das Wunderkästchen in das Schloß gekommen war und wo es sich jetzt befände. Die Maus ging voran und führte die Katze zu dem Ort, wo das Kästchen stand.

Hocherfreut nahm die Katze den Schatz und lief damit zurück zum Hund, der an der Küste wartete. Auf dem Rückweg nahm die Katze das Kästchen in ihr Maul und schwamm wieder auf dem Rücken des Hundes über das Wasser. Auf halbem Wege fragte der Hund, ob sie den Schatz noch festhalte. Die Katze schwieg. Von neuem fragte der Hund, und er war in großer Sorge. Aber die Katze schwieg noch immer. Sie drückte nur die Brust des Hundes fester, so daß dieser aufschrie. Dieses Benehmen kam dem Hund ganz sonderbar vor, und er schimpfte und sagte, er werde die Katze ins Wasser werfen, wenn sie nicht antworte, ob sie das Kästchen noch habe. So antwortete denn notgedrungen die Katze, daß sie den Schatz im Maul habe. Aber im selben Augenblick fällt ihr das Kästchen heraus und versank im tiefen Meer.

Jetzt war das Unglück geschehen. Beide stritten, wer der Schuldige gewesen sei. Im Fischerhaus angekommen, führte die Katze jammernd den Fischer an die Küste. Noch am selben Tag fing dieser wieder einen Fisch, der im Maul das verlorene Kästchen hielt. Aber der Fisch blieb stumm, und auch das Kästchen hatte die Wunderkraft verloren. –

Die beiden Fischersleute fanden sich allmählich wieder in ihr Los, doch Hund und Katze blieben von der Zeit an Feinde.

Der Hase als Schiedsrichter

Zur Zeit des fünften Mondmonats wird es sehr heiß in Korea. In dieser Hitze ging ein Porzellanwarenhändler, die Traglast auf dem Rücken, mühsam über einen hohen Bergpaß. Auf der Paßhöhe angelangt, stellte er die Last ab, um etwas zu verschnaufen. Plötzlich hörte er in unmittelbarer Nähe einen Tiger jämmerlich brüllen. Vorsichtig ging er näher: da erblickte er einen mächtigen Tiger, der in eine Falle geraten war, aus der er sich nicht mehr befreien konnte. Der Tiger litt furchtbare Schmerzen. Als er nun den Menschen sah, schöpfte er ein wenig Hoffnung und rief: »Gib mir das Leben zurück, gib mir das Leben zurück!«

»Wie, du furchtbares Ungeheuer: Wenn ich dir das Leben wiedergebe, dann kommst du heraus, packst mich und frißt mich auf!«

»Nein, durchaus nicht!« rief der Tiger. »Die Gnade, ein neues Leben zu erhalten, ist ebenso groß wie die Geburtsstunde, vielleicht noch größer! Ich will dich wie meinen Vater ehren. Rette mich!«

»Deinen Worten glaube ich nicht«, sprach der Mann. »Du hast schon viele betrogen! Wie sehr du auch jetzt beteuerst, deine Befreiung zu belohnen, du vergißt diese Wohltat ja doch, sobald du aus der Falle herausgekommen bist.«

Da klagte der Tiger bitter über das Unrecht, das andere verübt und das nun ihm angerechnet werde. Er schluchzte und stöhnte laut, und der Mann ließ sich erweichen. Er schloß einen Vertrag mit dem Tiger und öffnete dann die Falle, so daß der Tiger frei heraustreten konnte.

Kaum hatte der Tiger wieder festen Boden unter den Füßen, da schnaufte er zuerst ein wenig aus, besann sich etwas und sprach:

»Ung! Heute war mir das Glück günstig gesinnt. Ich glaubte mich schon tot, nun lebe ich wieder und kann wieder fressen.« Dann wandte er sich an seinen Befreier und sprach:

»Wenn du jetzt stirbst, so sei darüber nicht unwillig! Wir haben vorhin einen Vertrag abgeschlossen, daß ich dich unter allen Umständen als meinen Vater anerkennen und verehren und dir das ganze Leben friedlich und angenehm gestalten werde. Ich kann dich aber unmöglich überall mit hinführen, darum tue ich dich in das Innere meines Bauches, dann bist du stets bei mir! Ich muß dich auffressen, wenn ich meinen Vertrag erfüllen soll!«

Der Mann war sprachlos. Das war doch zu stark. Er fing mit dem Tiger zu streiten an. Schließlich kamen sie überein, einen Schiedsrichter anzurufen. Als nun beide zusammen wanderten, begegneten sie einem Ochsen. Der Mann erzählte ihm den Streitfall vom Anfang bis zum Ende. Aufmerksam hörte der Ochse zu, schließlich sagte er:

»Tiger, friß den Menschen! Es gebührt sich, daß die Menschen aufgefressen werden! Welche Gunst erweisen sie denn uns, den Stieren und Ochsen? Wir pflügen das Feld, tragen den Dünger, bringen die Ernte heim, schleppen in der kältesten Zeit das schwere Holz und ziehen stundenlang die Wagen, auf denen die Menschen sitzen, und verrichten noch zehntausenderlei schwere Arbeit. Aber die Menschen schlagen uns nur, und am Ende schlachten sie uns. Von Dank ist bei ihnen keine Rede. Wenn du den Tiger aus der Grube befreit hast, so ist das kaum der zehntausendste Teil von dem, was du uns Ochsen lohnen solltest. Tiger, friß den Mann auf!«

So richtete der Ochse, und der Mann war verloren. Er war zum Tode verurteilt, aber er erhob Einspruch. Der Tiger willigte schließlich ein, daß noch ein zweiter Schiedsrichter gefragt werde.

Wieder gingen die beiden eine Weile zusammen, da begegneten sie einem Hasen. Der Mann erzählte auch ihm den Streitfall. Der Hase hörte gespannt zu und sagte dann:

»Es genügt nicht, wenn ich nur Worte höre. Ich muß die Falle sehen, ehe ich ein Urteil fälle.«

Nun gingen alle drei zurück zur Fallgrube. Dann begann der Hase und sprach zum Tiger: »In welcher Lage befandest du dich am Anfang, als du den Menschen um Hilfe anriefst?«

Nichtsahnend ging der Tiger in die Falle. Nun wandte sich der Hase an den Menschen und fragte: »Aus welcher Stellung hast du den Tiger befreit?«

Der Mann antwortete: »Ich habe die Falltür fest verschlossen vorgefunden, ich habe sie geöffnet und den Tiger freigelassen.«

»Wie war die Tür verschlossen? Mach es genau, wie es war!« sprach der Hase weiter.
Der Mann trat vor und verschloß fest die Falltür. Nun war der Tiger wieder gefangen wie zuvor. Der Hase aber wandte sich an den Menschen und sagte:
»Du unvernünftiger Mensch! Wie kann man nur einem so bösartigen Raubtier wie diesem Tiger die Tür öffnen? Machen wir, daß wir weiter kommen, und überlassen wir den Tiger seinem verdienten Schicksal!«
Dann gingen Hase und Mensch davon. Der Tiger aber blieb gefangen und mußte seine Freveltaten und seinen Wortbruch mit seinem Leben büßen.

Der Statthalter, der seine Wette verlor

Vor vielen hundert Jahren lebte in der Stadt Haeju in der Provinz Hwanghae ein kleiner Beamter namens Ibang. Er nahm eine Frau zu seinem Eheweib, die nicht nur sehr schön, sondern auch sehr klug war. Sie wurde von allen bewundert, die sie kannten. Das Paar hatte ein schönes Heim, und sie liebten sich und achteten einander sehr.
Eines Tages wurde ein neuer Statthalter für Haeju ernannt. Er bezog den Regierungspalast und ließ sich auf einem Tigerfell in der großen Halle nieder. Der Palast stand am Rande eines wunderschönen Lotosteiches, wo sich die schimmernden Blüten in ihrem Mittagstraum wiegten. Ein gütiger und weiser Statthalter hätte beim Anblick dieses Blütenteiches die Kraft seines Geistes und seiner Entschlüsse gestärkt. Die Lotosblume hat die reinste und sanfteste Blüte, ihr Stengel ist lang und gerade, ihre Blütenblätter sind von außergewöhnlicher Schönheit, und ihre Knospen öffnen sich, wenn sie von der Sonne erweckt werden, und schließen sich, wenn die Nacht auf sie herniederfällt. Doch ein betörender Duft strömt von dieser Blume, wenn sie im Glanz des Mondes auf dem Teich schimmert.

Der Statthalter hätte vom Lotos lernen können, was rein, duftend, edel und gut ist – und er hätte lernen sollen, so für seine Untertanen zu handeln. Aber der Statthalter war gierig und lüstern, und für ihn war der Lotosteich ein Weinfaß, und die Blüten darin waren für ihn nichts als Mädchen für seinen Harem, und in den Knospen sah er nur Geldstücke für seine Schatztruhen.

So rief dieser elende Staatsbeamte seine Diener und fragte sie, wer wohl das strahlendste und schönste Mädchen in Haeju sei. Als er den Namen von Ibangs Frau hörte und von ihrem außergewöhnlichen Liebreiz, die die Schönheit aller Kisäng-Mädchen bei weitem übertraf, kannte sein Verlangen, sie als Spielzeug zu benutzen, keine Grenzen. Sofort befahl er seinen Dienern, zunächst Ibang festzunehmen und ins Gefängnis zu werfen. Dort brüllte er ihn an:

»Geselle! Du lebst in einem großartigen Haus mit einer wunderschönen Frau. Du ißt die erlesensten Speisen, trinkst die besten Weine und trägt die schönste Seide. Weißt du nicht, daß ich der oberste aller Menschen in dieser Provinz bin? Wie kannst du es wagen, mich so zu beleidigen und ein herrlicheres Leben zu führen als ich?

Das ist ein schweres Verbrechen, und du hast zehntausend Hiebe verdient. Da ich aber ein so großzügiger Statthalter bin, will ich dir aus Gnade eine Chance zum Überleben geben.

Ich werde eine Wette mit dir abschließen, und wenn du sie gewinnst, dann bist du frei und erhältst obendrein einen Preis von 1000 Yang. Aber wenn du die Wette verlierst, dann gehört dein Weib mir. Also höre gut zu, dies ist die Wette: Wenn du alles Wasser aus dem Lotosteich trinkst, wieviel Schalen macht das? Antworte! Ich wette, daß du dich irren wirst.«

Dies traf Ibang wie ein Schlag aus blauem Himmel. Die Frage verwirrte ihn so sehr, daß ihm der Kopf brannte, als sei er mit Feuer übergossen. Wie sollte er wohl überleben, wenn er die Wette und damit sein Weib verlor? Diese Frage stand plötzlich vor ihm wie eine Frage auf Leben und Tod.

Bedrückt ließ Ibang den Kopf hängen, dann sprach er zögernd: »Euer Gnaden! Mein Kopf schmerzt mich sehr, und Eure Worte tönen in meinen Ohren wie ein Rätsel. Bitte laßt mich nach Hause gehen und eine Arznei nehmen. Morgen werde ich dann zur Stelle sein und Euch Antwort geben.«

So wurde er auf Ehrenwort nach Hause entlassen.

Als er in seinem Haus ankam, begann er zu wehklagen: »Oh Traurigkeit, oh Kopfschmerz!« Und er warf sich voller Verzweiflung auf sein Lager. Als ihn seine Frau in so ungewöhnlicher Angst sah, tat sie alles, um ihn zu trösten. Sie brachte ihm die besten Speisen an sein Lager und goß ihm vom kostbarsten Wein in seinen Becher. Doch Ibang stöhnte nur noch lauter, als ob ihm sein Herz entzweibräche.

Schließlich sagte er zu ihr: »Meine Liebe, was sollen wir tun? Du und ich, wir müssen uns trennen.«

»Warum? Was bedrängt dich?«

»Morgen wirst du die Konkubine des Statthalters.«

Ibangs Frau konnte aus dieser Rede nicht klug werden, doch bei den Worten »Trennung« und »Konkubine des Statthalters« trat Angst in ihre Augen. Sie fragte ihn: »Mein Ehegemahl, was hast du getan? Was ist heute geschehen?«

Ibang seufzte tief und erzählte ihr von der Wette mit dem Statthalter. Als sie diese Geschichte vernommen hatte, da fing sie an zu kichern, und schließlich mußte sie so laut wie eine alte Jungfer an ihrem Hochzeitsabend lachen. Dies verletzte das Herz Ibangs weit mehr, als die Wette seinen Kopf geschmerzt hatte.

Sein Eheweib sagte lachend: »Sorge dich nicht, mein Ehegemahl! Das Leben ist ein Abenteuer, eine Wette, manchmal wird sie gewonnen, manchmal verloren. Wenn du dein Eheweib verlierst, dann ist das dein Pech.«

Nun wurde Ibang sehr böse und sagte: »Freut es dich so sehr, ein Spielzeug des Statthalters zu werden?«

Ibangs Frau stand früh am nächsten Morgen auf. Sie schminkte sich ihr Gesicht mit Puder von roten Bohnen und legte ihr schönstes Gewand an. In diesem Kleid sah sie lieblicher aus als eine aufgeputzte Hofdame. Sie errötete über ihre eigene Schönheit und ging aus dem Haus.

Der erstaunte Ehemann fragte sie: »Wohin gehst du?«

»Ich gehe zum Palast des Statthalters.« Mit diesen Worten war sie nicht mehr aufzuhalten.

Der Statthalter saß gerade am Lotosteich, als eine schöne Frau vor seinen Augen auftauchte. Sie konnte kein Kisäng sein, denn sie sah edler aus als ein Mädchen dieser Klasse. Sie war für ihn eine volle, reife Frucht, die ihn lüstern machte. Er fand ihre einfache Schönheit verlockender als Yang Kuei-fei, die Favoritin von T'ang-ming-wang im alten China.

Wohlgesinnt gab er ihr ein Zeichen näherzukommen und fragte sie: »Wer bist du, und was ist dein Begehr?«

»Ich bin das Eheweib von Ibang. Mein Gemahl ist krank, er hat hohes Fieber und arge Kopfschmerzen. So bin ich an seiner Stelle gekommen, um deine Frage zu beantworten.«

»Gut!« nickte der Statthalter. »Willst du auch die Wette an Stelle deines Mannes mit mir abschließen?«

»Ja, das will ich.«

»Du weißt, wenn du verlierst, dann bist du mein. Doch wenn du gewinnst, dann erhältst du 1000 Yang. Nun, so sage mir: Wie viele Schalen voll gibt das – ich meine das Wasser in diesem Lotosteich?«

»Ah, es wird eine Schale voll geben, eine Schale, die gerade so groß ist wie dieser Lotosteich!«

Da mußte der Statthalter lachen, und er gab ihr 1000 Yang. Es war eine große Menge Geld, die er da verloren hatte, und doch war die schöne Frau immer noch nicht sein. Aber das schürte das lüsterne Verlangen des Statthalters nur noch mehr. So verlangte er eine andere Wette, die sie lächelnd annahm.

»Wenn du diese Wette gewinnst«, sagte der Statthalter, »dann sollen dir 3000 Yang gehören, doch wenn du sie verlierst, dann bist du meine Konkubine.«

Er zeigte auf den Himmel und fragt: »Wie weit reist die Sonne an einem Tag?«

»Sie reist genau acht Ri (32 km) an einem Tag.«

»Nanu, wie meinst du das?«

»Ich verließ mein elterliches Heim mit der aufgehenden Sonne, am Morgen, der meiner Hochzeitsnacht folgte, und ich ließ mich im Haus meines Ehegemahls bei Sonnenuntergang nieder. Der Weg ist acht Ri, eine Tagreise.«

Der Statthalter schnalzte mit der Zunge und gab der klugen Frau 3000 Yang. Zweimal hatte er die Wette gegen die schöne Frau verloren, die ihm so leicht überlegen war und die ihn wie ein spottender Vogel auszulachen schien. Seine Augen wurden rot vor Ärger. Wütend über sein Mißgeschick und glühend vor Lust, verlangte er noch eine dritte Wette. Er sah auf den Südhang von Haeju und zeigte auf einen Pinienwald.

»Wie viele Pinienbäume sind auf jenem Hügel? Wenn du richtig rätst und die Wette gewinnst, sollst du diesmal 5000 Yang haben. Aber ich wette, daß du verlierst, und dann wirst du meine Geliebte und der Schmuck meines Lebens.«

»249 Bäume!«

»Nanu, wie kommst du denn auf diese Zahl?«

»Wenn man auf die Spitzen sieht, dann küssen die Pinienbäume einander – eine Reihe die andere Reihe –, dies gibt 200.[1] Und wenn man auf den Boden sieht, da stehen die Pinienbäume fest und stark.[2] Das macht 49 und zusammen 249.[2]«

Ibangs Frau sah auf den Statthalter. Er sah dumm und wütend drein, und tiefe Falten zogen über seine Stirn, als ob er viele rote, ganz scharfe Pfefferkörner geschluckt hätte. Doch dann wurde er weiß wie der Tod. Ohne ein Wort zu sagen zahlte er 5000 Yang auf.

Dreimal war er überlistet worden, und doch war die schöne Frau noch nicht sein. Sein Herz brannte fast durch seine Brust. Er warf all sein Vermögen auf eine letzte Chance und verlangte noch einmal eine letzte Wette. Wenn er gewinnen würde, dann würde der Pfirsich in seine Hände fallen; jedoch wenn er verlieren sollte, dann würde er ein Bettler werden. Sein Schicksal als erfolgreicher Statthalter hing an einem einzigen Spiel. Er biß sich auf die Lippen und rief:

»Ich wette noch einmal. Wenn du verlierst, dann bist du ein Sklave in meinem Haus. Und wenn du gewinnst, dann gehört all mein Vermögen und mein Schmuck dir, ausgenommen das Silbermesser in meinem Gürtel. Höre! Dies ist die Frage:

Wenn du all mein Haar zu einer Decke strickst, wieviel

[1] Das koreanische Wort für »Reihe« (reak) hat zugleich die Bedeutung der Zahl 100. 100 plus 100 macht 200.

[2] Das koreanische Wort für fest (chil) hat zugleich die Bedeutung von »sieben«. 7 mal 7 macht 49.

würde sie wiegen? Sei vorsichtig, jetzt kann ich deine Antwort nachprüfen.«

»Sieben und ein halbes Pfund.«

»Warum sieben und ein halbes Pfund?«

»Macht doch eine Probe! Soll ich dein Haar abschneiden und eine Decke daraus stricken? – Bring mir die Schere. Oh, wo ist die Waage?«

Der Statthalter war in seiner eigenen Falle gefangen. Er ging auf Zehenspitzen zurück und wies das Ansinnen von Ibangs Eheweib heftig ab. Er dachte: »In diesem Volk mit so festgefügten Sitten muß ein Edelmann stets sein Haar in einem Knoten geflochten tragen, mit einem strahlenden Edelstein an der Spitze. Nur die Mönche laufen mit kahlgeschorenem Kopf umher. Das Haar ist das Leben für einen Edelmann, um so mehr für mich, einen Statthalter.

Soll ich es nun erdulden, daß mir mein Haar abgeschnitten wird und daß ich damit mein Leben verliere, nur weil ich eine schöne Frau stehlen will? – Und was dann, wenn ich meine Wette verliere?

Ich werde zu einem Hund, der eine Henne jagt, und doch nur vor einem hohen Gitter stehenbleiben muß, um die gackernde Henne zu sehen. Es bleibt mir kein Ausweg mehr, ich muß diese Frau verlieren und all mein Vermögen dazu, und ich muß ein fahrender Bettler werden.«

Er zögerte einen Augenblick, aber dann entschloß er sich dazu, eher all sein Vermögen und seine Juwelen zu verlieren als sein Haar. So hob er seine Hände, ohne das Spiel des »Haare-Wiegens« zu spielen, und gab der ehrlichen Siegerin all sein Vermögen und persönlichen Schmuck, ausgenommen das Silbermesser, das an seinem Gürtel hing.

Da lief die schöne Frau mit singendem Herzen nach Hause und sagte triumphierend zu ihrem Ehemann: »Sei wieder fröhlich, mein Lieber. Die Wette und vieles mehr ist gewonnen, und nun werden wir bis an das Ende unserer Tage ein glückliches Leben führen.«

Die schöne Tigerin

Während der Regierung von Wonsung-wang, des 38. Königs von Silla, lebte ein junger Mann namens Kim Hyun. Obwohl er von edler Abkunft war und viele Talente in Kriegs- und Friedenskünsten besaß, mußte er sehr bescheiden leben. Jedoch Kim war ein kühner Jüngling. Er vergeudete seine kostbare Zeit nicht mit Klagen über sein Unglück, sondern stärkte seinen Mut mit der festen Entschlossenheit, in der Welt eines Tages hoch oben zu stehen und seinen Eltern Ehre und Reichtum zurückzubringen.

In diesen Tagen war es in Silla Sitte, daß jeder – Mann oder Frau – der einen brennenden Wunsch im Grunde seines Herzens hatte, zu einer großen Pagode in der Nähe des Buddha-Tempels Heung-nyun-sa pilgerte und dort in tiefer Nacht seine Gebete verrichtete. Damals herrschte der Glaube, daß jeder Wunsch, der bei dieser Pagode ausgesprochen wurde, in Erfüllung gehen werde.

So pilgerte eines Tages auch Kim Hyun zu dieser Pagode, ging um Mitternacht um sie herum und murmelte seine Gebete. Da hörte er plötzlich das Rascheln eines Seidenkleides hinter sich. Er verhielt seinen Schritt und blickte zurück. Zu seiner großen Überraschung sah er im blassen Mondlicht ein schönes Mädchen, das ebenfalls um die Pagode schritt und seine Gebete sang.

Nun war dieses Mädchen nicht so scheu und sprach Kim Hyun mit sanfter Stimme an: »Verzeih mir, daß ich dich so überrascht habe. Um die Wahrheit zu sagen: Ich habe einen brennenden Wunsch, der mich veranlaßte, diesen Platz aufzusuchen. Doch ich fühle mich so einsam in der dunklen Nacht: erlaube mir bitte, deinen Fußspuren folgen zu dürfen.«

Kim Hyun war über ihre strahlende Schönheit hocherfreut, und so stimmte er ihrer Bitte bereitwillig zu. Von diesem ersten Treffen an gingen sie zusammen, Hand in Hand, um die Pagode und verliebten sich ineinander.

Liebe ist süß, aber Liebe ist auch traurig. Nach und nach war der letzte Abend ihrer Gebete gekommen, und sie mußten von einander scheiden. Kim Hyun nahm die Hand des

Mädchens und begleitete sie zu ihrem Haus, das tief im Wald, weit von jeder menschlichen Behausung lag. In der niedrigen Hütte war kein Lebenszeichen zu bemerken, außer einer alten Frau, die die Mutter des Mädchens zu sein schien.

Die alte Frau sah sehr aufmerksam auf Kim und fragte ihre Tochter: »Wer ist dieser junge Mann, der so kühn ist, dich hierher zu begleiten?« – Das Mädchen dachte, daß sie ihre Liebe zu dem jungen Mann vor ihrer Mutter nicht verheimlichen konnte, und erzählte ihr, wie sie sich kennen und lieben gelernt hatten.

»Dies ist nicht gut«, tadelte die alte Frau. »Aber da wir jetzt nichts mehr dagegen tun können, werden wir ihn verstecken, ehe deine Brüder heimkehren.«

Kaum hatten sie den Jüngling in einer Ecke des Hauses versteckt, als das donnernde Brüllen von drei Tigern in der Ferne die Stille der Nacht durchbrach. Allein das Echo ließ den Jüngling von Kopf bis Fuß erschauern. Näher und näher kam das Brüllen der Tiger. Bald wurde die Türe aufgestoßen, und die Tiger riefen: »Oh, feiner Duft. Wir riechen Menschenfleisch!«

Da sagte die alte Frau mit ärgerlicher Stimme: »Unsinn! In diesem Haus gibt es kein Menschenfleisch. Hört zu, ihr Verrückten! Etwas Schreckliches ist passiert: Diese Nacht ist ein Orakel vom Himmel heruntergestiegen, das sagte, daß ihr sofort hart bestraft werden müßt, weil ihr so viele Menschen getötet habt.«

Als die Tiger diese Worte hörten, wurden sie fahl wie der Tod, und ihre Glieder zuckten vor Angst. Das Mädchen begann zu sprechen: »Meine Brüder! Ihr habt dem gnadenreichen Buddha versprochen, keinem lebenden Geschöpf mehr Leid anzutun. Doch ihr habt dieses Versprechen immer wieder gebrochen, und ihr setzt euer altes grausames Spiel fort. Auch habt ihr meine Gebete verlacht, die ich in der Pagode darbrachte, um eure böse Gewohnheit zu beenden. Nun ist der Tag der Sühne gekommen. Bereut und eilt von dannen. Ich werde eure Sünden büßen und die himmlische Strafe auf mich nehmen. So geht schnell, oder man wird euch töten!«

Sie schluchzte herzzerreißend, und ihre langen Ärmel waren feucht von Tränen. Die drei Tiger sahen traurig auf ihre

Schwester, sie ließen ihre Köpfe hängen und schlugen unruhig mit ihren langen Schweifen. Dann sprangen sie im Nu in den Wald hinaus und waren nicht mehr gesehen.
Sobald die Tiger im Wald verschwunden waren, weckte das Mädchen Kim Hyun von seinem Alptraum und sprach zu ihm:
»Durch eine eigenartige Fügung habe ich deine leidenschaftliche Liebe erfahren; doch unglücklicherweise bin ich kein menschliches Wesen. Aber wie dem auch immer sei, ich kann deine zärtlichen Umarmungen niemals vergessen. – Ich habe mich dazu entschlossen, für die bösen Taten meiner Brüder zu büßen. So bin ich sicher, daß mein Leben bald von den rachsüchtigen Händen eines Tigeropfers beendet wird. Deshalb wäre ich sehr glücklich, wenn ich durch dein Schwert sterben könnte. Vielleicht kann ich so deine Freundlichkeit ein wenig vergelten. – Höre! Morgen werde ich auf dem Westmarkt Amok laufen, um die Einwohner zu erschrecken. Niemand im ganzen Königreich wird es wagen, mit mir zu kämpfen. Der König wird einen Preis auf die Tigerjagd aussetzen. Dann fürchte dich nicht und jage mich in diesem Wald, wo ich den Streich deines Schwertes erwarten werde.«
Kim Hyun war in seinem Herzen bestürzt und beschämt; er antwortete: »Wie kann ich meine Liebe töten? Auch wenn sie kein menschliches Wesen ist, werde ich das wertvolle Leben meiner Liebe weder für Geld noch für Ehre verkaufen.«
Der junge Mann schalt das hübsche Mädchen in sanften Worten, daß sie von ihm eine so unmenschliche Handlung zu begehen wünschte. Sie war jedoch nicht davon abzubringen.
Am nächsten Morgen jagte eine große Tigerin über den Marktplatz, fauchte und brüllte und setzte Menschen und Tiere in Entsetzen. Alle schrien und liefen auf den Straßen umher und riefen: »Ein Tiger! Ein Tiger!«
Der König war sehr beunruhigt und beraumte unverzüglich eine Tigerjagd an. Als Preis für den erfolgreichen Jäger setzte er den zweiten Grad eines hohen Adelstitels aus. Jedoch niemand wagte es, die Tigerin zu einem Duell herauszufordern.
Kim Hyun warf sich vor dem König auf den Boden und

legte einen Eid ab, daß er des Königs Befehl getreu erfüllen und das Volk von der Tigerin befreien werde. Der König war hocherfreut und verlieh Kim den Titel im voraus.
Der junge Mann nahm sein Schwert und lief in den Wald, wo das »Tiger-Mädchen« auf ihn wartete. Als sie den jungen Krieger erblickte, lief sie ihm entgegen. Sie nahm ihn bei beiden Händen und drückte ihn innig an sich. Dann sagte sie: »Letzte Nacht, als wir uns verabschiedeten, wünschte ich, daß du heute hierher kommst. Mein Herz ist voller Freude bei dieser letzten Umarmung. Nun kann ich in Frieden sterben. Ich wünsche dir ein langes Leben voll Glück.« Dann riß sie das Schwert ihres Liebsten aus der Scheide und stieß es tief in ihre Kehle.
Kim Hyun stand versteinert bei ihrem Körper, der im Blut schwamm. Als seine Augen wieder trocken waren, sah er, daß nicht mehr ein Mädchen, sondern eine schöne Tigerin tot dalag.
Bald versammelte sich eine Menge um den jungen Helden und rief ihm zu: »Lang lebe Kim Hyun!« – Sie brachten ihn mit lauten Rufen zum Königspalast. Der König war über die kühne Tat tief befriedigt und gab Kim Gold und Silber als weitere Geschenke für das tapfere Unternehmen.
Doch Kim Hyun war in seinem Herzen traurig. Wenn er auch Ehre und Reichtum gewonnen hatte, so hatte er seine schöne Tigerin für immer verloren. Er konnte ihre Liebe und ihr Leben, das sie für ihn geopfert hatte, um ihn glücklich zu machen, nicht vergessen.
So ließ er einen Tempel an der Stelle errichten, wo das schöne Wesen tot gelegen hatte. Er nannte diesen Tempel HOWON-SA, »Tempel des Wunsches der Tigerin«.

Lüge um Lüge

Es war einmal ein Yangban (ein Edelmann), der lebte mit seiner Familie in Chonju. Er hatte drei Söhne, die er auch an Töchter von Yangbans verheiratet hatte. Er lebte mit all ihren Familien unter einem Dach.

Die erste und zweite der Schwiegertöchter waren sanft und höflich zu den Eltern ihrer Ehemänner. Sie warteten bei Tisch, bis sich die Eltern mit Speise und Trank bedient hatten, und gaben ihnen die feinste Seide zum Geschenk, die sie im matten Schein der Öllampen gesponnen hatten. Und sich selbst kleideten sie nur in Baumwolle und Hanf. Dazu verbeugten sie sich zu jedem Wort, das von den Lippen ihrer Schwiegereltern kam und sagten nur: »Ja«, als ob sie sagen wollten: »Ich habe die Ehre, dein gehorsamer Diener zu sein.«

Die Schwiegereltern waren jedoch von undankbarer Art. Sie hielten die Ehrerbietungen der beiden ersten Schwiegertöchter nur für Dummheit und nützten deren Hilfe und Liebe in höchst selbstsüchtiger Weise aus.

Die dritte Schwiegertochter durchschaute diese Selbstsucht, denn sie war klug und schlau. Dazu war sie von außerordentlicher Schönheit. Sie dachte gar nicht daran, ihre eitlen und eigensüchtigen Schwiegereltern zu bedienen; sie nahm sich die besten Gerichte in der Küche und suchte sich die schönsten Seiden aus dem Webzimmer aus und machte sich selbst wunderschöne Kleider daraus. Sie widersprach jedem Wort, das die Alten an sie in befehlendem Tone richteten, und gab ihre Antwort mit schriller Stimme.

Vater und Mutter ihres Ehemannes waren über die ungezogene Art der Schwiegertochter auf das bitterste empört und befahlen, daß sie unter einem anderen Dach wohnen sollte. Die Schwiegertochter war nur froh, daß sie die alten Tyrannen los hatte, und kam nicht einmal an Geburtstagen oder an großen Feiertagen in das väterliche Haus, um den Schwiegereltern Respekt zu zollen.

Der alte Mann war sehr böse. Er wollte das letzte Verhalten seiner mißratenen Schwiegertochter prüfen. So stellte er sich tot und lag steif in seinem Bett. Die ganze Familie schrie im Trauerchor: »Aigo! Aigo!«

Die Frauen im Hause lösten ihr Haar auf, legten Sackkleider an, schlugen sich die Brüste und weinten laut. Ein älterer Nachbar warf die »Jacke des toten Mannes« auf das Dach des Hauses und bat seine Seele, alles Übel mit sich zu nehmen und in Frieden zu gehen.
Diese Nachricht drang zu der schlauen Schwiegertochter. Sie kam mit aufgelösten Haaren zu dem Sterbehaus gelaufen und schrie laut: »Aigo! Aigo!« – Dann warf sie sich neben dem Totenbett des alten Mannes auf den Boden und weinte lange, als ob sie vor Kummer das Bewußtsein verlieren würde. Sie schlug mit ihren Handflächen auf den Boden und sagte zwischen Seufzern folgendes zu dem Toten:
»Vater! Vater! Oh, grausamer Tod! Noch vor zwei Tagen kamst du zu meinem Haus, um mich zu besuchen, und ich begrüßte dich mit frohem Herzen. Ich bot dir einen gebratenen Fasan und heißen Reis an, der wie ein Gebirge in einer großen Schüssel aufgetürmt war. Dann aßest du alles mit gutem Appetit im Nu auf, und als du über deinen langen Bart strichst, sagtest du:
›Ich war lange unterwegs, und ich war sehr hungrig. Hast du mein ermattetes Gesicht gesehen? Ah, du bist eine ausgezeichnete Köchin und auch eine gute Tochter. Ich habe mich wirklich satt gegessen. Mein Magen und mein Bauch sind rund wie eine Trommel. Ich kann kein Abendbrot mehr essen.‹
Dann nahmst du deine lange Pfeife, die ich dir mit einem Feuerstein anzündete, und du standest auf, um zu gehen. Ich war sehr glücklich und habe dich bis zum Tor begleitet; dort verbeugte ich mich und sagte: ›Vater, geh in Frieden und komme wieder.‹
Ich stand lange an meinem Gartentor, und meine Augen begleiteten dich, wie du über die Hügel wandertest. Dann ging ich in meine Küche zurück und bereitete herrliche Reiskuchen, um sie in dein Haus zu bringen. Da hörte ich plötzlich ein Geräusch an meinem Gartentor, und deine sanfte Stimme rief mich. So antwortete ich: ›Oh, Vater, willkommen zu Hause!‹
Dann hast du drei Schüsseln heißen Reiskuchen mit großem Appetit gegessen und hast mich als Schwiegertochter gelobt, die die Wünsche ihrer Eltern wohl kennt. Du streichel-

test sogar den Kopf meines ältesten Sohnes und sagtest zu ihm: ›Ich bin alt und schwach. Als ich gerade vor Hunger starb, gab mir deine gute Mutter wunderbare Speisen, die mich wieder zum Leben brachten. Ah, ich kann doch nicht mehr sehr lange leben. Höre! Ich gebe dir das Reisfeld hinter meinem Haus, und weil dein jüngerer Bruder so freundlich ist, gebe ich ihm das Hirsefeld vor meinem Haus.‹
Du seufztest dann aus ganzem Herzen erleichtert auf und verließest mein Haus. Ich wunderte mich über deine ungewöhnlichen Worte, die wie ein letzter Wille klangen. Nun aber verstehe ich, daß du damals schon den Tod herannahen fühltest, der dich jetzt niedergestreckt hat!«
Diese Geschichte wiederholte die schlaue Schwiegertochter viele Male mit großem Wehklagen. Der Schwiegervater konnte nicht anders, er mußte über ihre Lügenkomödie lachen. Dann aber sprang er in großem Ärger auf und schimpfte: »Wann habe ich je deine Reiskuchen gegessen? Wann habe ich jemals in deinem Haus Wein getrunken? Und wann hätte ich je versprochen, mein Reis- und Hirsefeld deinen Kindern zu geben?«
Die Schwiegertochter steckte sich schnell die aufgelösten Haare mit einer schönen Silbernadel auf und erwiderte lachend: »Was ist bei einem falschen Tod mit falschen Worten falsch?«
Als sie dies gesagt hatte, drehte sie sich auf ihren roten Pantoffeln um und ging zu ihrem Haus zurück.

Sim Chung und der Prinz

Vor langer, langer Zeit lebten in dem »Land der Morgenstille« ein blinder Mann mit dem Namen Sim Bong Sa und seine Tochter Sim Chung. Als das Mädchen noch ein hilfloses kleines Baby war, starb seine Mutter. Der unglückliche Vater mußte nun von Tür zu Tür um Milch betteln gehen.
Die Frauen in der Nachbarschaft hatten Mitleid mit dem

hilflosen Wurm und gaben ihm gerne Milch von ihren Brüsten. Nach und nach wuchs das Kind zu einem schönen Mädchen heran. Sie begann für fremde Leute zu arbeiten und Geld zu verdienen, um ihren Vater zu unterstützen. Ihr Liebreiz und ihre Geschicklichkeit gewannen die Aufmerksamkeit einer reichen Dame, die das Mädchen zu sich in ihr Haus nahm.

Sim Chung arbeitete jeden Tag in diesem reichen Haus und kam am Abend zu ihrem Vater zurück. Eines Tages jedoch war es sehr spät geworden, und das Mädchen war noch nicht heimgekehrt. So ging der arme Vater seine Tochter suchen. Und als er in der Dunkelheit seinen Weg ertastete, rollte er in einen Graben.

Ein vorbeikommender Mönch half ihm auf. Als er sah, daß der alte Mann blind war, sagte er ihm, daß er – wenn er nur dreihundert Säcke Reis dem Buddha-Tempel Mongunsa opfern und beten würde, sein Augenlicht wiedergewinnen könnte. Der arme Blinde seufzte, denn dreihundert Säcke Reis waren wie tausend Schlösser für ihn. Niemals würde er das Geld haben, um sie zu kaufen.

Als Sim Chung von dem seltsamen Abenteuer ihres Vaters mit dem Mönch hörte, baute sie in ihrem Garten einen Altar. Jeden Abend kniete sie davor nieder, blickte auf die sieben Nord-Sterne und bat alle Geister des Himmels und der Erde, die Augen ihres Vaters zu öffnen.

Eines Tages hörte sie, daß eine Gruppe von Seeleuten, die mit den Kaufleuten von Nankin Handel trieben, ein junges Mädchen von sechzehn Jahren kaufen wollten, um sie als Opfer in das Meer zu stoßen. So wollten sie die bösen Wellen in der tiefen See »Indangsoo« beruhigen, um sicher auf dem Meer zu fahren und ein Vermögen machen zu können. Und Sim Chung hörte, daß sie jeden Preis für ihr junges Opfer zahlen würden.

Sim Chungs Herz hüpfte vor Freude, und sie machte den Handel mit Hilfe einer Nachbarsfrau. Sie sagte: »Ich bin bereit, mich für dreihundert Reissäcke zu verkaufen. Ich muß sie dem Buddha-Tempel spenden, um die blinden Augen meines Vaters zu öffnen.«

Die Seeleute waren über die Ergebenheit des jungen Mädchens tief gerührt und sie hatten großes Mitleid mit ihr, denn sie war zu schön, um in das Meer gestoßen zu werden.

Doch der Handel war abgeschlossen, und sie brachten bald die dreihundert Reissäcke zu Mongun-sa und kündeten Sim Chung an, daß das Schiff bei Vollmond im dritten Monat des Jahres lossegeln würde.

Als die Seeleute gegangen waren, sagte Sim Chung zu ihrem Vater: »Sei wieder froh, mein guter Vater! Dreihundert Säcke Reis wurden Buddha gespendet, damit du dein Augenlicht wiedererhältst.« Sim Bong Sa war überrascht: »Woher hast du den Reis bekommen?«

Obwohl Sim Chung ein aufrichtiges Mädchen war, sah sie sich dennoch gezwungen, ihrem Vater eine weise Lüge zu erzählen: »Die Ehefrau von Minister Jang, die mich zuerst als Dienstmagd in ihr Haus aufnahm, hat mich als Tochter angenommen und gab mir den Reis als Preis.« – Sim Bong Sa lachte vor Freude und sagte: »Gut gemacht. Wann wird sie dich für immer in ihr Haus aufnehmen?«

Da antwortete die Tochter: »Sie wird im nächsten Monat bei Vollmond nach mir senden.«

Der blinde Vater lachte wieder: »Das ist sehr schön. Wenn du in einem anderen Haus leben wirst, dann sollst du dir um deinen Vater keine Sorgen machen.«

Von diesem Tag an dachte Sim Chung immer an die verhängnisvolle Reise und zitterte vor Angst. Jedoch ihr Herz war noch mehr bei den Gedanken betrübt, daß sie ihren einsamen Vater verlassen mußte; denn es gab niemanden in dieser Welt, der sich um ihn kümmern würde. So wusch und nähte sie die Kleider ihres Vaters für alle Jahreszeiten und legte sie zärtlich in die Truhe. Dann besserte sie den Hut aus Roßhaaren aus und nähte eine neue Perlenschnur daran. Sie tat alles, was in ihren Kräften stand, damit er sich so wohl wie möglich fühlen sollte.

Doch die wechselnden Monde warten auf niemanden. Am Abend vor der Abreise saß sie allein vor einer flackernden Kerze und dachte über ihre traurige Reise nach, die Nadel in den Händen und die Schere auf ihren Knien. Sie versuchte noch mehr Gewand für ihren Vater zu nähen, jedoch heiße Tränen liefen über ihre Wangen. Sie seufzte: »Könnte ich doch diese Mitternacht in einen tiefen Brunnen werfen und die Sonne hoch oben an einem Maulbeerzweig festbinden, so daß nie ein Morgen kommt. Doch wer kann das Kommen und Gehen von Sonne und Mond aufhalten? Oh,

traurige Nacht! Hahn, krähe doch nicht in dieser Nacht! Deine grelle Stimme wird mein Herz in Stücke reißen. – Oh, mein armer Vater!«
Zu früh brach der Tag hoch über den Bergen herein, und die roten Sonnenstrahlen der aufgehenden Sonne umklammerten das blutende Herz des jungen Mädchens.
Sim Chung stand auf und trat aus ihrer Kammer, um für ihren Vater das Frühstück zu bereiten. Die Seeleute standen schon vor der Tür und sagten: »Die Sonne ist aufgegangen, und das Segel ist voll mit Westwind. Laßt uns bald die Anker lichten.«
Als sie diese Worte hörte, wurde Sim Chungs Gesicht blaß wie der Tod, und alles verschwamm vor ihren tränennassen Augen. Nach einer kleinen Weile sprach sie zu den Seeleuten:
»Ja, ich weiß – heute muß ich gehen, jedoch für meinen Vater ist diese Nachricht noch neu. So laßt mich für ihn das letzte Mal das Frühstück zubereiten. Dann werde ich ihm alles erzählen und Abschied nehmen.«
Die Seeleute nickten und willigen gerne in ihre letzte Bitte ein. Sim Chung ging in die Küche, kochte ein herrliches Mahl und stellte einen niedrigen Tisch vor ihren Vater. Dann sprach sie: »Vater, freue dich und iß dich von Herzen satt.«
Sim Bong Sa freute sich wie ein kleines Kind und antwortete: »Liebling! Dieses Essen ist sehr schmackhaft. Warum bereitest du an diesem Morgen ein Festessen?«
Sim Chung schluchzte in tiefer Trauer. Sim Bong Sa war erstaunt: »Mein gutes Kind, warum dieses Schluchzen? Hast du dich erkältet? Was schmerzt dich? – Welchen Tag des Monats haben wir heute? Oh, es ist der fünfzehnte – ein Vollmond-Tag. Übrigens, ich träumte letzte Nacht einen eigenartigen Traum. Ich sah dich in einem Wagen von zwei Schimmeln gezogen. Du weißt, nur eine edle Person kann in einem Wagen fahren. Vielleicht ist dies ein gutes Omen für unsere Familie. Oder vielleicht wird dich Madam Jang heute in ihrem Wagen abholen lassen.«
Sim Chung wußte, daß dieser Traum ihren Tod voraussagte, jedoch sie gab vor, glücklich zu sein, und sagte: »Vater, was für einen wunderbaren Traum du doch hattest.«

Dann trug sie den Frühstückstisch hinaus und brachte ihrem Vater seine lange Bambuspfeife.

Sim Chung stand auf, ging zu dem Familienschrein und nahm von ihren Ahnen Abschied: »Oh, Geister meiner Ahnen! Eure unwürdige Enkelin Sim Chung hat ihren Körper verkauft, um ihrem blinden Vater wieder das Augenlicht zurückgeben zu können. Bald wird sie in die tiefe blaue See stürzen. Dann wird niemand mehr sein, der für euch Räucherstäbchen anzündet.«

Dann kehrte sie zu ihrem Vater zurück und murmelte leise: »Verzeih mir, Vater, ich habe dich betrogen. Wer würde mir dreihundert Säcke Reis für nichts geben? Um die Wahrheit zu sprechen, bevor ich von dir für immer Abschied nehme: ich habe mich an die Nankin Seeleute als Opfer für das wilde Meer verkauft. Und heute muß ich gehen.«

Sim Bong Sa war wie vom Donner gerührt: »Was! Ist dies wahr? Nein, du kannst nicht gehen. Warum hast du nie mit mir darüber gesprochen? Wenn du stirbst, was bedeutet mir da noch das Leben? Ich habe deine Mutter an deiner Wiege verloren, und nun soll ich dich auch verlieren?« – Der alte Mann verlor beinahe die Besinnung.

In der Zwischenzeit war das Schiff voll beladen worden, die Trommel wurde geschlagen, und die Seeleute riefen: »An Bord! Die Flut ist hoch, die Segel sind voll Wind und der Anker ist gelichtet!«

Sim Chung wischte mit ihren langen Ärmeln die Tränen weg, küßte ihren Vater noch einmal und folgte dann den Seeleuten auf das Schiff.

Einige Zeit segelte das Schiff sanft über den ruhigen Ozean dahin, als sie jedoch durch die hohen Wellen der Indangsoo Strömung kamen, brach plötzlich ein Sturm aus. Bald wurden Himmel und Meer dunkel, die zornigen weißen Rosse tosten; das Schiff stampfte und rollte, als ob es von der gähnenden See verschlungen werden sollte.

»Hilfe! Hilfe!« schrien die Seeleute. »Der gräßliche Drachen kommt. Wir müssen ihn mit diesem jungen Mädchen beschwichtigen, oder wir alle werden Meergeister.« – Dann richteten sich alle Augen auf Sim Chung; sie bedeckte ihr Gesicht mit ihrem rosa Rock, sprang kopfüber in die zornigen Wellen und rief: »Vater, ich gehe! Mutter, ich komme!«

Jedoch merkwürdig zu sagen: kaum hatten ihre Füße die Oberfläche des Ozeans berührt, da nahm eine Seegöttin Sim Chung in ihre Arme, und ein großer Schwarm Fische begleitete sie wie Ehrenwachen. Sie führten Sim Chung tief auf den Grund des Meeres, ja sogar in den Palast des Herrschers der See, des Drachen-Königs. Dieser bewunderte ihre außergewöhnliche Schönheit und nahm sie als seine eigene Tochter an.

Der Palast des Drachen-Königs war wunderbar aus massiven Perlen gebaut und mit Korallen, Rubinen und Smaragden verziert. In der Banketthalle wurde immer musiziert, um die neue Prinzessin zu erfreuen. Doch Sim Chung dachte nur an ihren alten Vater und weigerte sich zu essen oder zu lächeln.

Der Drachen-König hatte Mitleid mit Sim Chung, gab ihr die Freiheit und setzte sie in ein Lotusboot, das sie zurück an die Oberfläche des Meeres brachte.

Der Kronprinz segelte gerade mit seiner Yacht vorbei, als er eine unvergleichliche Schönheit in einem Lotus auf den Wellen tanzen sah. Der leidenschaftliche junge Prinz verliebte sich und machte Sim Chung sofort zu seiner Braut.

Viele Tage und viele Nächte wurde die Hochzeit in dem königlichen Palast gefeiert. Dann hielt die neue Prinzessin ein anderes großes Fest ab und lud alle Blinden des Landes dazu ein. Jeden Tag zog eine riesige Menge Blinder in den Palast und an Sim Chung vorbei. Und am letzten Tag des Festes der Blinden erschien auch Sim Bong Sa.

In großer Freude lief sie auf ihn zu, fiel ihm um den Hals und rief: »Vater! Vater! Bist du es wirklich?« – Und der blinde Mann rief, von der gleichen Freude überwältigt: »Tochter! Tochter! Bist du es?« – In diesem Augenblick der großen Aufregung öffneten sich seine Augen, um zum ersten Mal in seinem Leben seinen Liebling, Sim Chung, zu sehen.

Der Yangban und der Tiger

Ein junger Yangban mit dem Namen Tschö streifte oft allein in den Bergen herum. Eines Tages kam er nahe bei einem Gebirgsdorf an einen Ort, wo viele Leute versammelt waren, schrien und gestikulierten. Er drängte sich durch die Menge und rief: »Was ist denn geschehen?« – Und bald sah und hörte er, daß die Gebirgsbewohner eine Falle gelegt hatten, um einen gefährlichen Tiger zu fangen. Es war auch wirklich eine große, alte Bestie hineingestürzt.

Darüber herrschte große Freude im Dorfe, alle wollten den Tiger sehen. Ein Dorfjunge aber wagte sich zu nahe heran, spielte und steckte auch seinen Fuß ins Innere der Falle. Plötzlich packte der Tiger den Fuß am Gelenk und ließ ihn nicht mehr los.

In dieser unglücklichen Stellung traf Tschö den Knaben. Die Dorfbewohner waren alle in großer Sorge, jammerten und schrien. Ja, einige dachten schon daran, den Tiger wieder aus der Falle herauszulassen. Alle waren voller Angst, ob der Tiger nicht bald den Fuß des Knaben mit seinen Fängen zerfleischen werde. Keiner wußte Rat, wie man den Fuß des Knaben befreien könne.

Da holte Tschö einen Stock, füllte einen leeren koreanischen Strumpf mit etwas Fleisch an, steckte den Stock hinein und band ihn fest zu, so daß die Form eines Fußes entstand. Dann trat er damit an die Falle heran und schob langsam den künstlichen Fuß ins Innere. Der Tiger bemerkte es und ließ, wahrscheinlich durch den frischen Fleischgeruch angelockt, den Fuß des Knaben los und packte dafür den ausgestopften Strumpf.

Der Knabe war nun gerettet, und alle Dorfbewohner brachen in Freudenjubel aus. Sie lobten die Geistesgegenwart und den Einfallsreichtum des jungen Yangban Tschö und ehrten ihn bis in sein Alter.

Willkommen Sonne

Der Hafen von Yun-il (Willkommen Sonne) – heute Pohang – war der Hafen für die Hauptstadt Kyungju, so wie heute Inchun für Seoul. – Vor 2000 Jahren, während der Regierung von Adala-Nisagum, dem achten König der Silladynastie, lebten ein Fischer namens Yonorang und seine Frau Seonyo an der Ostküste von Silla.
Sie liebten sich sehr und lebten wie ein glückliches Paar Mandarin-Enten miteinander. Sie waren so strahlend, so schön, so voller Liebe, daß alle Nachbarn sie als Sonne und Mond betrachteten. Der Ehemann war auch ein guter Bauer und die Ehefrau eine geschickte Weberin, und sie zeigten einfachen Leuten, wie man den Boden bebaut und schöne Stoffe herstellt. Solange dieses gute Paar hier lebte, schien die Sonne hell, und der Wind war erträglich, der Regen war angenehm, die Ernte war üppig und reich, und alle waren das ganze Jahr über fröhlich wie an Feiertagen.
Eines Frühlingstages ging Yonorang fischen. Das Meer war ruhig und schön, und die Sonne spiegelte ihre glänzenden Strahlen in den saphir-farbigen Wellen wider. Die Fischersleute kamen mit reicher Beute an Fischen und Muscheln zum Ufer zurück. Plötzlich bedeckte ein dicker Vorhang von schwarzen Wolken die Sonne, und ein schwerer Sturm wütete über dem Meer. Die Wellen schäumten und schaukelten das kleine Boot wie ein Spielzeug und brachten es schließlich zum Kentern und Sinken.
Yonorang kämpfte mit all seinen Kräften gegen die Wellen, die über ihm zusammenschlugen und versuchte verzweifelt, zum Ufer zu schwimmen. Doch die riesigen Wellen stießen und sprangen auf ihn wie weiße Rosse, und die Sonne verdunkelte sich hinter dem Wolkenvorhang immer mehr.
Der arme Fischersmann gab den Kampf auf und bereitete sich auf den Tod in dem schäumenden Salzwasser vor, das ihn unbarmherzig schlug. Er schaute hinauf zum Himmel und rief: »Oh, Seonyo! Meine Frau! Ich sterbe!«
Gerade in diesem Augenblick tauchte ein riesiger Felsen aus dem Meer auf und schaukelte wie ein Boot in der Reichweite des ertrinkenden Fischers, der in wilder Freude auf das

runde Deck sprang. Dann rollte der Felsen fröhlich über die dunkelblaue See gegen Osten. Den Fischer ließ die ganze Zeit die Angst nicht los; wieder in Sicherheit, dachte er an sein Weib, das ihn in seiner Hütte mit dampfenden Schüsseln erwartete. »Seonyo! Seonyo«, rief er wie ein Verrückter, aber es kam keine Antwort. Die tosenden Wellen und die pfeifenden Winde bliesen das Echo in seine ertaubenden Ohren zurück.

Die Fackeln der anderen Fischerboote flackerten in weiter Ferne an der Küste, er jedoch bewegte sich in die entgegengesetzte Richtung. Tränen standen in seinen Augen, als die Landschaft seines Heimatlandes allmählich am Horizont im Zwielicht verschwand. Die ganze Nacht ritt er auf dem Felsenboot über die brodelnden Wasser. Traurig und erschöpft, fiel er bald in tiefen Schlaf.

Als er wieder aufwachte, sah er den roten Sonnenball über dem Horizont aufgehen und das Meer mit tanzenden Schatten von Blumen und Vögeln färben. Um ihn standen Fischer in merkwürdiger Kleidung, die ihn in einer unbekannten Sprache anredeten. Doch er wurde auf dieser merkwürdigen Insel sehr freundlich empfangen. Die Fischer gaben ihm neue Kleider und gute Nahrung. Ein älterer Mann, der der Anführer zu sein schien, winkte Yonorang und sprach zu ihm. Jedoch dieser konnte nicht verstehen. So wiederholte er mit vielen Zeichen, daß sie ihm Papier und Pinsel bringen sollten. Als dies herbeigeschafft war, schrieb Yonorang folgende Worte nieder: »Ich bin ein Fischer aus Silla und wurde auf diese Insel verschlagen. Ich habe ein Eheweib zu Hause, deshalb bringt mich zurück in mein Heimatland.«

Als der alte Fischersmann die schöne Handschrift und den edlen Charakter von Yonorang sah, lud er ihn in sein Haus ein und bat ihn, sein Lehrer zu werden. Yonorang wollte sich für die erwiesene Gastfreundschaft dankbar erweisen und stimmte deshalb zu, auf der Insel bei dem merkwürdigen Volk mit seiner merkwürdigen Sprache und den merkwürdigen Sitten zu bleiben. Bald nannten ihn alle Inselbewohner den großen Lehrer und behandelten ihn wie einen Prinzen.

Inzwischen wartete Seonyo auf ihren Ehegemahl, jedoch

vergebens. Sie ging an die Küste und rief immer wieder: »Yonorang! Yonorang!« – Eines Tages, als sie wieder am Strand nach Yonorang suchte, sah sie ein Paar Strohschuhe auf einem Felsen liegen, und sie wußte, daß diese Schuhe ihrem Gatten gehörten. Sie sprang auf den Felsen und betrachtete die Schuhe mit großer Freude und hoffte, auch Yonorang bald zu sehen. Plötzlich bewegte sich der große Felsen und schwamm mit den Gezeiten fröhlich ostwärts in das Meer hinaus. So wurde Seonyo auf dieselbe Insel verschlagen wie ihr Ehegemahl.

Die Inselbewohner fanden sie und führten sie zu ihrem Anführer. Dieser war von ihrer außerordentlichen Schönheit und sanften Sinnesart tief beeindruckt und nannte sie »Mond«, weil nur sie zur »Sonne«, seinem Lehrer, paßte. So wurde das Paar glücklich auf der merkwürdigen Insel vereint.

Nach diesem Ereignis verlor das Königtum von Silla Sonne und Mond. Der Himmel war dunkel und kalt, das Klima wurde rauh, die Menschen weinten vor Hunger und Kälte.

König Adala-Nisagum, gefolgt von einem langen Zug seiner Diener, reiste zur Ostküste und brachte für den Gott des Himmels Opfer dar, jedoch das Wetter veränderte sich nicht. Der König war tief bestürzt, er rief seinen »Sonnen-Offizier« und befahl, ihm zu berichten, warum und weshalb die Sonne so lichtlos blieb. Der »Sonnen-Offizier« warf sich vor dem Thron auf die Erde nieder und sagte:

»Majestät! Die Geister von Sonne und Mond gehörten einst Silla, jedoch vor einigen Monaten nahmen diese Geister von unserem Land Abschied und verließen uns gegen Osten.«

Der König war sehr erstaunt und sandte seinen königlichen Botschafter unverzüglich zu den fernen östlichen Inseln, um Yonorang und Seonyo zu suchen und wieder zurückzubringen. Doch als das glückliche Paar gefunden war, schüttelten sie die Köpfe und antworteten:

»Wir wurden zu dieser Insel verschlagen und durch die Gastfreundschaft der Inselbewohner gerettet. Nun sind wir ihre Lehrer, und wir werden wie Prinz und Prinzessin behandelt. Nichts zieht uns nach Hause zurück.«

Der Botschafter des Königs war vor Kummer sprachlos und dann erzählte er Yonorang und Seonyo, wie Sonne und

Mond ihr Licht vor dem Himmel von Silla versteckten und die Menschen vor Hunger und Kälte weinten. Darauf antwortete Yonorang:

»Das ist nicht so ausweglos. Meine Frau hat ein Stück Seide gesponnen. Ich werde es dir als Geschenk geben. Wenn du es dem Himmel als Opfer darbringst, dann wirst du über die Änderung erstaunt sein.«

Der enttäuschte Botschafter empfing die Gabe und kehrte damit nach Silla zurück. Er ging unverzüglich zum Palast, wo er die ganze Geschichte vor dem Thron berichtete. Der König versammelte all seine Staatsbeamten und Offiziere, und alle zogen gemeinsam zum Strand. Dort brachte er das Seidengewand dem Gott des Himmels als Opfer dar und betete in feierlicher Zeremonie um Sonne und Mond.

Die Feier war kaum beendet, als sich die schwarzen Wolken in alle Windrichtungen zerstreuten und die Sonne wieder hell am Himmel schien. Das kalte Wetter, das so lange angedauert hatte, wandelte sich in einen milden Sommer; die Pflanzen blühten, und die Ernte brachte reiche Früchte. Reis und Korn gab es im Überfluß, und die Menschen sangen: »Hunger ist die Hölle, Essen ist der Himmel.«

Der König war sehr glücklich und zufrieden. Er verehrte das wunderbare Seidengewebe als einen nationalen Schatz und bewahrte es an einer Stätte nahe dem Meer an der Ostküste auf, die »Yung-il«, das heißt »Willkommen Sonne«, genannt wurde.

Die magische Perle

In den goldenen Tagen der Silla-Dystanie hatte die Hauptstadt Kyungju 178 766 Häuser, alle mit glänzenden Ziegeldächern, viele strahlende Paläste und Tempel, die in den Himmel ragten. Wohl eine Million Menschen lebten in diesem Reich unter der klugen und gütigen Herrschaft ihrer Könige und Königinnen in Wohlstand und Glück.

Als jedoch Silla vom Koryo-Geschlecht zerstört und in der Herrschaft abgelöst wurde, schwand die frühere Pracht Tag um Tag dahin. Nach dem Kriegszug der Mongolen und dem Brennen und Sengen von Kublai-Khans Kriegshunden war von der schönen Stadt Kyungju nicht mehr übrig als der Palastbrunnen mit einer Steinpagode im Osten und einer Sternwarte im Westen und glasierten Zierziegelscherben auf den Hügeln und Feldern, wo ehemals die Schlösser standen.

Reisende verhielten ihre Schritte, wenn ihre staunenden Augen auf den Ruinen des »Gelben Drachen-Tempels« und seiner neunstufigen Pagode fielen, die als einer der drei Hauptschätze der Silla-Epoche gepriesen wurden. Als der 24. König der Silla-Dynastie seinen Palast an dieser Stelle zu bauen begann, sah er vor seinen inneren Augen das Bild eines gelben Drachens aufsteigen. Der Herrscher änderte seinen ursprünglichen Plan und ließ einen Tempel zu Ehren Buddhas an Stelle des Palastes an diesem Ort bauen.

Im Süd-Osten der Ruinen der vergangenen Dynastie steht ein alter verwitterter Brunnen, der mit Moos überwuchert ist. Er war eines der Wunder der alten Silla-Zeit: Er sollte durch einen unterirdischen Gang mit dem Meer verbunden gewesen sein, und der Wasserspiegel stieg und fiel mit den Gezeiten der See. Dieser Brunnen ließ auch eine interessante Geschichte zurück:

Während der Regierung von Wonsung-wang, des 38. Königs der Silla-Zeit, lebte ein junger Mönch namens Myojong in dem »Gelben Drachen-Tempel«. Wann immer er seine karge Mahlzeit zubereitete – Frühstück, Mittag- oder Abendessen –, kam er zu diesem Brunnen. Und immer wenn er seine hölzerne Reisschale auswusch, gab er einer Schildkröte, die im Brunnen wohnte, die Reste. Als er eines Tages die Schildkröte wie gewöhnlich fütterte, sprach er mit sanfter Stimme zu ihr:

»Meine liebe Schildkröte, ich habe dich schon so lange gefüttert, ohne daß du mir irgendein Zeichen der Dankbarkeit erwiesen hättest. Das ist schade.«

Einige Tage später brachte die Schildkröte dem Mönch zu seiner großen Überraschung eine glänzende Perle als Geschenk. Hocherfreut betrachtete Myojong das schimmernde Geschenk von allen Seiten, und dann band er die Perle in

seinen Gürtel, und er achtete darauf, daß er sich niemals von ihr trennte.
Nach diesem Vorfall geschah ein seltsames Wunder in der Stadt: Jeder, der den jungen Mönch sah, faßte eine starke Zuneigung zu ihm, und die Mädchen verliebten sich blindlings in ihn. Der König hörte von dieser wunderbaren Geschichte und rief Myojong in seinen Palast. Er sah ihn aufmerksam an, um herauszufinden, was wohl so bedeutsam an ihm sei, aber er fand keine Erklärung. Auch der König konnte nicht anders, als den jungen Mönch wie seinen eigenen Sohn zu lieben. Der gesamte Hof, einschließlich der Prinzen und besonders der Prinzessinnen, war von Liebe und Zuneigung für den Mönch erfüllt.
Gerade zu jener Zeit sollte ein Botschafter in das China-Reich entsandt werden. Auch dieser Botschafter war dem Mönch so zugetan und von ihm angezogen, daß er ihn als Begleiter mitnehmen wollte und vom König eine Sondererlaubnis hierfür erbat. Dann segelten sie nach China. Als sie im Land der »Goldenen Mitte« gelandet waren, war Myojong sein Ruhm vorangeeilt, und so erhielten sie alsbald eine Audienz beim Kaiser. Sowie Myojong in die Nähe des Thrones kam, war der Herrscher von der Schönheit der Seele des Mönchs verzaubert, und so erging es allen Edlen am Hof. Der Mönch verbrachte viele glückliche Tage am kaiserlichen Hof in der fröhlichen Gesellschaft der chinesischen Prinzen und Prinzessinnen, die ihn wie ihresgleichen, von königlichem Blut, behandelten.
Nun war aber unter den Höflingen ein eifersüchtiger Mandarin, der sich auf das Lesen von Gesichtern verstand. Dieser Mandarin kniete vor dem Thron des Kaisers nieder, berührte dreimal mit dem Kopf den Boden und sprach:
»Eure Majestät! Ich habe diesen Mönch aus Silla genau beobachtet, aber ich finde keinen Zauber in seinem Gesicht. Ich kann mich des Eindrucks nicht erwehren, daß der Mönch nur deswegen geliebt wird, weil er einen magischen Zauber in seinen Kleidern versteckt hat.«
Der Kaiser ließ Myojong durchsuchen, und man fand die rosa schimmernde Perle in seinem Gürtel. »Hier ist sie«, rief der Kaiser, »ich hatte vier Perlen mit magischem Zauber an meinem Rosenkranz, und eine hatte ich im letzten Jahr verloren. Zur gleichen Zeit verlor ich einen merklichen Teil

meiner magischen Kraft in meinen Regierungsgeschäften – aber weit schlimmer noch – auch bei meinen Hofdamen. Nun sehe ich, Mönchlein, diese Perle ist die, die mir abhanden gekommen ist. Sie gehört mir!«

Myojong war zu Tode erschrocken. Er erzählte dem Kaiser, wie er die Perle als Geschenk von einer Schildkröte erhalten hatte. Auf wundersame Weise fiel der Verlust der Perle in China und ihr Auffinden in Silla – über das Meer – etwa auf denselben Tag. Nun kam die Perle wieder zu ihrem ehemaligen Besitzer zurück. Der Kaiser war dem Schicksal für diese wunderbare Fügung dankbar, ließ Myojong sein Leben und schickte ihn mit einem königlichen Geschenk nach Korea zurück.

Ohne die Wunderkraft der magischen Perle kümmerte sich niemand mehr um den Mönch, niemand liebte ihn mehr. Als er bei seinem alten Brunnen angekommen war, kniete er nieder, sah auf dessen Grund und rief seinen Freund – die Schildkröte. Er erzählte ihr, was ihm widerfahren war, und daß er nun, nachdem er die Gunst und Liebe der Menschen erfahren hatte, ärmer war als je zuvor, als er den Zauber der Zuneigung noch nicht kannte. Früher war er mit sich selbst zufrieden gewesen, wenn er seinen Studien nachgehen konnte und seine leiblichen Bedürfnisse mit einer Schale Reis und einem Becher Brunnenwasser stillen konnte.

Die Schildkröte hörte seinen Bericht voll Staunen und versprach, darüber nachzusinnen, wie sie ihm wohl helfen könnte. Sie bat den unglücklichen Mönch um einige Tage Bedenkzeit; sie würde sicher ein Mittel finden. Unterdessen sollte er sich nicht grämen, sondern fleißig seinen Studien nachgehen.

Der Mönch tat, wie ihm geheißen, aber nach drei Tagen kam er wieder zu dem Brunnen, um die Schildkröte zu rufen; sie ließ sich jedoch nicht blicken. Von nun an kam er jeden Tag zum Brunnen, es waren schon mehrere Wochen ins Land gezogen, ohne daß er seinen Freund, die Schildkröte, finden konnte. Der Mönch war sehr traurig, aber trotzdem verlor er keinen Augenblick Geduld und Vertrauen in die Schildkröte. Eines Tages, als er wieder zum Brunnen ging, sah er endlich seinen Freund. Freudig ging er auf die Schildkröte zu und fragte sie: »Nun, welches Mittel hast du gefunden, um meinen Kummer zu heilen?« –

Die Schildkröte lächelte mit ihrem uralten faltenreichen Gesicht und sagte: »Hier habe ich eine Perle für dich, sie ist noch schöner und strahlender als die erste, die ich dir gab. Jedoch diese Perle hat noch keine Wunderkraft, ich habe sie vom König von Silla zum Geschenk bekommen, mit der Bedingung, daß sie später drei Dinge vollbringen wird:

Wenn dich der König zu seinem General macht und dich mit einem Heer ausrüstet, wirst du den Angriff des chinesischen Heeres zurückschlagen.

Wenn dich der König zu seinem Hauptberater macht, wirst du das Land von Not befreien, die falschen Steuereinheber und Statthalter köpfen lassen und durch gütige Beamte ersetzen, die das Volk gerecht behandeln werden.

Wenn dich der König zu seinem Schwiegersohn macht, wird seine Tochter einen Sohn gebären, der ein großer und mächtiger Herrscher in der Silla-Dynastie sein wird.«

Der staunende Mönch fragte die Schildkröte: »Wie soll ich all dies vollbringen, wenn die Perle doch keine magische Kraft hat?«

Die Schildkröte erwiderte: »Es ist sicher nicht einfach; aber glaube mir, es ist möglich, wenn du nur willst. Sieh dir die Perle genau an: Siehst du ihr strahlendes Feuer? — Arbeite an dir, daß dein Geist und deine Kraft genauso strahlend werden wie diese Perle. Siehst du ihre Reinheit? — Arbeite an dir und bete zu den Göttern, daß dein Herz so rein und wahr wie diese schimmernde Perle wird.

Wenn du glaubst, daß du diese drei Ziele erreicht hast, dann steige hinab in diesen Brunnen. Dort lebt ein Ungeheuer, es wird sich auf dich stürzen und dich verschlingen; jedoch wenn du deinen Mut und deine Kraft wirklich gestählt hast, dann wirst du das Ungeheuer töten.

Wenn dir dies gelungen ist, dann geh in die Hauptstadt und stell dich den Prüfungen für die höchsten Staatsbeamten. Nur wenn du sie als Erster und Bester bestehst, hast du auch die zweite Bedingung erfüllt.

Sodann geh — als Bettler verkleidet — in den Palast des Königs. Du wirst dort seiner Lieblingstochter begegnen. Wenn sie sich nicht nach dir umwendet, dann geh den Weg zurück, verlasse den kaiserlichen Garten und werde Staatsbeamter. Gehst du nicht sofort zurück, so wird man dich ergreifen und töten. Deshalb sei klug! — Wenn sich jedoch die kaiserliche Tochter nach dir umwendet, so folge ihr unerschrocken und überreiche ihr die Perle als Pfand für deine Liebe.«

Der Mönch war ganz benommen von dem, was ihm die Schildkröte sagte. Er konnte es kaum fassen und wunderte sich sehr. In seine Hütte zurückgekehrt, drehte er die Perle viele Male in seiner Hand, bis der Morgen graute. Im Lichte der ersten Sonnenstrahlen funkelte und glänzte sie nur noch schöner und verheißungsvoller.

Da beschloß der Mönch, sein Glück zu versuchen. Er stärkte seinen Mut, seine Geschicklichkeit und Kraft im Fechten, Bogenschießen und andere Kriegskünsten; gleichzeitig vertiefte er seine Studien der weisen Staatsphilosophen. Man wurde wieder aufmerksam auf ihn – diesmal aber nicht wegen einer magischen Anziehungskraft, sondern weil es bald keinen Fechtmeister und Bogenschützen gab, der dem Mönch gewachsen war. Kein noch so gelehrter Scholar konnte es mit ihm in der Auslegung der alten Schriften oder im Rededuell aufnehmen.

So fühlte sich der Mönch schließlich gewappnet, die erste Probe zu bestehen. Er umgürtete sich mit einem scharfen Schwert und kletterte hinunter in die Tiefe des Brunnens. Je mehr das Licht des Tages in der Höhe des Brunnenrandes verblaßte, um so schrecklicher hallte das Brüllen des Ungeheuers, das in der Tiefe auf den Störenfried wartete. Schließlich trennten ihn nur noch ein paar Meter von dem feuerspeienden Untier. Der Mönch zog sein Schwert, und während das Wasserungeheuer nur noch wartete, bis der Mönch in seine Reichweite käme, löste sich dieser mit einem kühnen Sprung von der Brunnenwand und stürzte sein Schwert mit voller Wucht in das weit geöffnete Maul des Ungeheuers, das kraft- und leblos zusammensank. Der Mönch schnitt dem toten Tier die Zunge aus dem Maul, um später einen Beweis seiner Tapferkeit und seines Mutes für den König zu haben.

Sodann bereitete sich der Mönch für die zweite Probe vor, er ließ sich für die Prüfung der Staatsbeamten einschreiben. Seine Klugheit war inzwischen bekannt geworden, und es gab nicht wenige, die ihm seinen Erfolg neideten. So erhielt er die schwierigsten Aufgaben, aber er löste sie alle spielend. Sosehr man auch versuchte, durch Bestechungen anderen den ersten Platz zuzuschieben, so weit ließ der Mönch alle anderen Bewerber hinter sich zurück und bestand unangefochten als Erster und Bester die Prüfung.

Die dritte Probe war der schwerste Teil: die Eroberung der Liebe der Königstochter. Der Mönch kleidete sich in das härene Gewand eines Bettlers und stahl sich in den Palastgarten, als die Schatten länger wurden. Er sah die herrlichen Bäume und die wunderbaren Lotosblüten auf dem Teich. Es dauerte gar nicht lange, da kam eine wunderschöne Prinzessin zu dem Teich, um seine Kühle zu genießen. Der Mönch zögerte einige Herzschläge, dann faßte er sich und wandelte in seinem Bettlergewand hoch erhobenen Hauptes und stolz der Prinzessin entgegen.

Die Königstochter war zugleich erstaunt und erschrocken, einen Bettler im Palastgarten zu sehen. Doch je näher er auf sie zukam, desto mehr war sie von seinem stolzen Wesen und dem Blick seiner Augen angetan, die die ihren so durchdringend trafen. Die Prinzessin war über diese Begegnung am Lotosteich so verwundert, daß sie sich nach dem Fremden umwandte, der soeben ihren Weg gekreuzt hatte.

Der Mönch hatte bangen Herzens auf diesen Blick gewartet; nun eilte er der Prinzessin nach, die erschreckt davoneilte und in einer Barke Zuflucht nahm. Der Mönch hatte sie schnell eingeholt und sprach zu ihr: »Habt keine Angst, schöne Prinzessin, ich will Euch nur ein kleines Geschenk als Pfand meiner Verehrung und Liebe übergeben.«

Myojong überreichte der Prinzessin die Perle und erzählte ihr, was es damit für eine Bewandtnis habe und daß sie der König in nicht allzu langer Zeit zu seiner Frau machen würde. Die Prinzessin lächelte zunächst ungläubig über diese Erzählung und konnte sich gar nicht vorstellen, wie diese Geschichte Wirklichkeit werden sollte. Myojong bat sie – so wie er –, Vertrauen und Geduld in die Perle zu haben.

Am nächsten Morgen drangen Nachrichten in den Palast, daß die chinesische Armee die Grenzgebiete verwüstet hätte und daß eine riesige Streitmacht plündernd und sengend zur Hauptstadt Sillas marschierte. Der König war verzweifelt, seine Generäle hatten alle darin versagt, die Grenzen des Landes zu schützen.

Nun wußte der Mönch, daß seine Stunde gekommen war, dem König seine Hilfe anzubieten. Er kleidete sich sorgfältig an, gürtete sich sein Schwert um und zog zum Palast und bat, zum König vorgelassen zu werden. Der Monarch fragte ihn nach seinem Begehr.

»Ich bin gekommen, um Euer Reich zu verteidigen und Euren Thron zu retten.«

»Du!« sagte der König voller Staunen. »Wie willst du das bewerkstelligen? Hast du ein Heer? Verfügst du über Gold, um es zu besolden? Verstehst du überhaupt irgend etwas vom Kriegshandwerk?«

Der Mönch Myojong erwiderte: »Majestät, ich habe die Kriegskunst lange studiert. Wenn Ihr mir einen Plan Eurer Provinzen zeigt, dann werde ich Euch meinen Schlachtplan entwickeln. Wenn es mir gelingt, Euch von der Richtigkeit meines Kriegsplanes zu überzeugen, so werdet Ihr nicht zögern, mir das Kommando über die verbliebenen Getreuen anzuvertrauen. Und in den Vorratshäusern sind noch genug Waffen, um das Heer siegreich die Schlacht gewinnen zu lassen.«

»Deine Worte sind kühn«, sagte der König, »ich will deinen Schlachtplan anhören. Man bringe die Karten der westlichen Provinzen.«

Je länger Myojong seinen Plan entwickelte, desto erstaunter waren der König und seine Berater ob der Klugheit, der Umsicht und des Mutes des Mönchs, der den Feind mit einer Kriegslist in eine Schlucht drängen wollte, in der das feindliche Heer mit Mann und Roß von wenigen Soldaten des koreanischen Königs vernichtet werden konnte.

Schließlich sprach der König: »Myojong, du bist mein General in höchster Not. Dir vertraue ich mein ganzes Heer an. Wenn du das chinesische Heer schlagen und aus unseren Grenzen verdrängen kannst, dann gebe ich dir meine Tochter zur Frau und mein halbes Königreich dazu.«

Myojong rüstete eilends sein Heer, zog dem Feind entgegen, schlug die chinesische Kriegsmacht vernichtend und jagte jeden feindlichen Soldaten weit über die Grenzen.

Im ganzen Königreich von Silla herrschte großer Jubel, und viele Tage lang wurden Feste gefeiert. Der Höhepunkt aber war das Hochzeitsfest, das der König für seine Tochter und Myojong veranstaltete. – Und so wurde eine Geschichte Wirklichkeit, weil der Mönch Myojong einer ganz gewöhnlichen Perle Wunderkraft geben konnte.

Der Mönch und die Prinzessin

Wonyo, der berühmte buddhistische Mönch der Silla-Dynastie, zog in Begleitung eines Bruders der Zen-Sekte durch die Berge. Beide waren auf dem Weg nach dem Dang-Reich, wo sie ihren Studien der klassischen Schriften Buddhas nachgehen wollten. Sie waren von ihrem Weg abgekommen, und da sie sehr müde waren, legte sich der Mönch an einer einsamen Stätte zur Ruhe. Um Mitternacht wachte er aus seinem Schlaf auf, denn der Durst brannte in seiner Kehle stärker, als er es ertragen konnte. Er tappte im Dunkel umher, und seine Hand berührte ein großes Gefäß voll Wasser. Sofort drückte er den Becher an seine trockenen Lippen, schüttete das kühle Naß in einem Zug hinunter und fand es süß und erfrischend. Dann legte er sich wieder in das duftende Gras und besänftigte seinen Hunger mit taufeuchtem Wind.

Bei Tagesanbruch wachte er auf und langte wieder nach dem Gefäß, um noch einen Trunk zu sich zu nehmen. Doch zu seinem Erstaunen fand er weder einen ausgehöhlten Kürbis noch eine Seemuschel – sondern einen Totenschädel, der mit Regenwasser gefüllt gewesen war; ein Mundvoll stand noch auf dem Grund. Natürlich war ihm jetzt nicht mehr nach Trinken zumute. Mit verwunderten Augen blickte er umher und sah, daß das Bett, auf dem er so gut geruht hatte, nicht ein Lager für Lebende, sondern ein Hain für Tote war.

»Aha! Ich verstehe!« rief er aus. »Solange die Schale ›rein‹ gedacht war, solange schmeckte das Wasser gut. Sobald jedoch etwas als unrein gedacht wird, erscheint es abstoßend. Jedes Gefühl für gut oder schlecht kommt von den Augen. Wenn ich mein offenes Auge für alles verschließe und nur mit meinem inneren Auge überlege und denke, dann wird alles schön und rein erscheinen. Darin liegt wohl die Philosophie des schlafenden Buddha mit gesenkten Augen und gnadenvollem Herzen.«

Uisang, der andere Mönch, setzte seine Reise nach dem »Reich der Großen Mitte« fort, Wonyo jedoch verabschiedete sich von ihm und kam zurück nach Silla. Denn er sagte sich,

daß sein Sinn und Gemüt nun für die wesentlichen Prinzipien des Buddhismus voll erwacht waren und er nicht mehr irgend etwas von chinesischen Menschen zu lernen brauche.
Wonyo trank Wein, aß Fleisch und liebte auch Frauen – obwohl diese drei Verbote der buddhistischen Gebote sind. Er war ein hübscher Junge – denn im Fernen Osten wird ein Junggeselle in Jugend und Reife als Junge bezeichnet. Sein persönlicher Zauber, zusammen mit seiner Männlichkeit und Redegewandtheit in den Predigten reichten hin, um alle Schönheiten in Silla zu faszinieren, die zu seinem Tempel pilgerten, mehr um ihre Augen an dem hübschen Mönch zu erfreuen, als um zu beten und zu meditieren. Und die leidenschaftlichsten beteten um eine glückliche Heirat.
Die schöne Prinzessin Yosuk gehörte zu diesen Frauen. Sie war früh zur Witwe geworden, nachdem ihr Gemahl in einer Schlacht gegen das Päkje Reich gefallen war. Und sie vertat ihren Liebreiz in ihrem einsamen Gemach hinter Palastmauern. Am achten Tag des vierten Mondes kam die Prinzessin, gefolgt von ihren Hofdamen, zu dem Tempel, um am Fest der Geburt Buddhas teilzunehmen. Ihre Schönheit in dem weißen Seidengewand, mit glänzenden Juwelen geschmückt, übertraf die der zahllosen anderen Frauen, die in fröhliche Farben gekleidet waren.
Wonyo verbeugte sich tief vor der Prinzessin – seine Lippen berührten fast ihre Hände –, und er murmelte Dank für ihren Besuch in diesem Tempel und andere sanfte Worte. Dann flötete die Prinzessin mit karminroten Wangen wohlklingende Töne in sein Ohr.
So sproß ihre Liebe, denn sobald einmal ihre Herzen von dem ersten Funken in ihren Augen entflammt waren, konnte die hohe Gartenumwallung ihres verbotenen Palastes hinter neun verschlossenen Toren keine Schranke sein; denn Liebe reist nachts auf Flügeln.
Sie vereinbarten ein Treffen in dem Palastgarten, und während der Mönch sachte ausschritt und seine Augen auf die Dame seines Herzens richtete, die ihm durch die blühenden Büsche entgegenwandelte, zitterten seine Glieder voll Entzücken. Er stolperte über eine Wurzel und glitt in das Wasser des Lotosteiches – und tränkte sein langes Gewand in den gekräuselten Wellen, die viele Küsse der Wasserlilien auf seine Wangen drückten.

Die Prinzessin half ihm mit ihren Lilienhänden aus dem Teich und führte ihn zu ihrem Gemach. »Ihr seid durchnäßt, mein Herr«, murmelte sie, während ein dunkles Rot in ihre Wangen schoß und ihre Lippen zuckten.
Sie übergab ihm ein neues Gewand, das einem Bräutigam Ehre gemacht hätte, denn sie hatte es selbst gesponnen und genäht. Ihre milchweißen Brüste lugten wie zwei Lotosblumen in einem Mitternachtsschlummer, jeden Augenblick bereit, zu blühen.
Ohne ein weiteres Wort fielen sie einander in die Arme und küßten sich – zehn Küsse so kurz wie einer, und einer so lang wie zwanzig. In der mondlosen Nacht flackerten die Kerzenlichter auf silbernen Ständern in dem Gemach.
Dann waren sie verehelicht und verbrachten die erste Nacht. Jedoch bei Tagesanbruch entbot Wonyo seiner Prinzessin und neuen Braut zärtlich Abschied und zog weit weg auf einen hohen Berg und lebte in einem einsamen Kloster als Eremit, genauso wie es der große Buddha getan hatte. – Dies sind Lehren und Lebensweisheiten.
Prinzessin Yosuk gebar einen Sohn, die Frucht ihrer Liebe mit dem Mönch Wonyo, und sie nannte ihn Sulchong. Dieses Kind wuchs zu einem gesunden und gescheiten Mann heran. Er wurde ein großer Schriftgelehrter und erfand, unter anderen Dingen, den »Idoo«-Schreibstil: Er paßte chinesische Schriftzeichen den koreanischen Silben und Lauten an. Dies war sehr verdienstvoll, denn damals existierte das koreanische Hangul-Alphabet noch nicht, das erst am Beginn der Yi-Dynastie, während der Regierung König Sejongs, erfunden wurde.

Die Muschel, der Storch und der Fischer

An einem warmen Sommertag badete eine schöne Muschel üppig in der Sonne. Sie wiegte sich an einem flachen Strand, und ihre rosige Zunge hing in einem Mittagstraum heraus. Gerade da flog ein junger Storch vorüber. Schnell segelte er tief herab und stieß seinen mächtigen scharfen Schnabel tief in das zarte Herz der Muschel. Das mit Angst und Entsetzen erfüllte Tier schnellte seine Schalen zusammen und fing so des Feindes Schnabel zwischen den Zähnen. Der Storch war gefangen.

Er flatterte mit seinen Schwingen, kratzte an den Schalen der Muschel und versuchte sogar laut zu krächzen, doch seine Stimme versagte. Zu seiner großen Überraschung bemerkte er, daß, je härter er den Schnabel zurückzog, desto fester und dichter die Muschel ihre Schalen schloß, so daß er schließlich um Gnade flehte. Jedoch vergeblich. Als letzten Ausweg schmeichelte er dem Wassertier:

»Oh, schöne Königin der See, seid doch nicht so grausam. Dies sollte ein Küßchen auf Eure Wange sein. Doch mein nervöser Schnabel schlüfte in Euer Herz. Ich bin wirklich nicht gekommen, um Euch zu verletzen, sondern um Euch unter meinen Flügeln zu beschützen. Wenn ich nun fühle, wie stark und fest Ihr mich umarmt, so fehlen mir die Worte, mein Entzücken kundzutun. Eure Liebe ist so leidenschaftlich, daß Ihr mich beinahe erstickt. Oh, schöne Grausame, laßt mich doch eine Weile atmen.«

Die sanftmütige Schöne antwortete entzückt: »Oh, wie so plötzlich! Letzte Nacht träumte ich, in dem Glaspalast des Drachenkönigs zu weilen. Und ein Engel von außergewöhnlicher Schönheit umarmte mich mit seinen wolligen Flügeln und schwor, daß er mich mehr liebte als all die Schönheiten in seinem Luftschloß jenseits des blauen Domes. Nun sehe und verstehe ich, daß du es warst, mein lieber Storch. Ehe du mich jedoch zu deinem Schloß hinaufholst, mußt du auf die Flut warten, die mit der Hochzeitsnacht hereinkommt, und wir werden beide meine Eltern unten am Meeresgrund im Glaspalast besuchen und ihnen Lebewohl sagen.«

Und die Muschel hielt den Schnabel des Storches fester denn je zwischen ihren Schalen.
Während beide in diesem Zustand einer nie endenden Umarmung verweilten, kam ein Fischer des Weges, fing die beiden Tiere mit einem Streich und steckte sie in seinen Beutekorb.
»Glücklicher Tag!« sagte er, ging weiter und sah sich nach anderen um, die darauf zu achten vergaßen, was um sie herum vorging.

Der Gelehrte von Imsil

Das Beschwören von Teufeln, Geistern und Feen ist eines der Talente, das die Anhänger des Alten Philosophen, die Taoisten, besessen haben sollen. Solange fleischliche Wünsche bestehen, verhüllen und hindern sie geistige Erscheinungen. Doch einmal von dem irdischen Ballast befreit, können sogar Engel und andere überirdische Wesen sichtbar werden.
Die Taoisten sagen: »Wenn einmal alle Hindernisse des Fleisches überwunden sind, dann kann man sogar Gott schauen.« Sie behaupten auch: »Wenn ich keine selbstsüchtigen Wünsche hege, dann wird die Nacht um mich herum mit goldenem Licht scheinen. Und wenn alle ungerechten Gedanken beseite geschoben sind, dann wird das Wild von den Bergen herunterkommen und neben mir spielen.«
Im Jahre 1654 lebte ein Schriftgelehrter in Imsil, der sogar behauptete, daß er die Geister kontrollieren könne und daß zwei Dämonwächter ständig zu seinen Diensten stünden. Eines Abends spielte er mit einem Freund Changki (Schach), und sie kamen überein, daß der Verlierer eine Runde Getränke zu bezahlen habe. Der Freund verlor, weigerte sich aber, seine Wettschuld zu bezahlen. Schließlich sagte der Meister:
»Wenn du nicht bezahlst, dann will ich dir einheizen!«

Der Verlierer weigerte sich noch immer, seine Wette zu begleichen, bis sich der Meister ärgerlich umwandte und in den oberen Teil des Raumes irgendeine Formel rief, als ob er einen Befehl erteilte.
Der Freund stürmte durch den Hof, um zu fliehen, jedoch eine unsichtbare Hand versperrte ihm den Weg und versetzte ihm so eine Tracht Prügel, daß er voll von blauen Flecken war. Unfähig, die Pein länger zu ertragen, gab er schließlich klein bei. Da lachte der Meister und ließ ihn laufen.

Bei einer anderen Gelegenheit saß der Meister mit einem befreundeten Mann beisammen, während in einem benachbarten Dorf ein Kootz – eine Geisteraustreibung – vorgenommen wurde, wobei Trommeln und Gongs wild tönten. Der Meister stürzte plötzlich zu dem Bambushain, der hinter dem öffentlichen Yamen lag. Mit drohenden Blicken und wilden Augen schrie er und machte heftige Bewegungen mit seinen Armen, als ob er Furien hinwegtriebe. Nach einiger Zeit hörte er ganz plötzlich auf. Sein Freund fragte ihn, was dies seltsame Verhalten zu bedeuten hätte, und der Meister antwortete:
»Eine Horde Teufel kam von der Geisteraustreibung und ließ sich in dem Bambushain nieder. Wenn ich diese Quälgeister nicht vertrieben hätte, dann hätte die Stadt viel Ärger und Sorge gehabt.«

Wieder ein anderes Mal machte der Meister mit einem bestimmten Freund eine Reise, als er plötzlich mitten auf dem Weg in den Luftraum über der Straße hinaufrief:
»Laßt sie gehen, laßt sie gehen! Ich befehle es euch, oder ich werde euch streng bestrafen!«
Sein Verhalten war so eigenartig und so furchterregend, daß man nach dem Grund fragte. Doch vorläufig gab der Meister keine Antwort, sondern setzte seinen Weg fort.
In der gleichen Nacht kamen sie zu einem Dorf, in dem sie übernachten wollten. Jedoch der Besitzer des Hauses, wo sie um ein Nachtlager anfragten, antwortete, daß Krankheit im Hause wäre und daß sie besser weiterzögen. Doch die beiden Wanderer bestanden darauf, zu bleiben, bis der Hausherr schließlich einen Diener sandte, um sie wegzu-

treiben. In der Zwischenzeit hatte sich das Frauenvolk versammelt und beobachtete den Wortwechsel durch die Ritzen und Spalten der Fenster. Sie sprachen und wisperten in großer Bestürzung, so daß es der Meister hören konnte.
Wenige Minuten später trat der Hausherr in äußerst demütiger Haltung aus dem Tor und bat die Fremdlinge, umzukehren und Gastfreundschaft und Unterhaltung in seinem Haus anzunehmen.
»Ich habe eine Tochter, Herr«, sprach der Herr des Hauses unterwürfig. »Sie wurde schwer krank und starb heute. Doch nach einiger Zeit gewann sie ihre Lebenskraft zurück und berichtete uns folgende Geschichte:
›Ein Teufel packte mich und trug meine Seele die Landstraße hinunter, wo er einen Mann traf, der den Teufel aufhielt und im grimmigen Ton fortjagte. Und so kommt es, daß ich wieder unter den Lebenden weile.‹
Sie erblickte Euch durch einen Spalt des Fensters, und siehe, Ihr seid der Mann, dem sie ihr Leben verdankt. – Ich bin am Ende meiner Weisheit angelangt und weiß nicht, was ich zu Euch sagen soll. Seid Ihr ein Geist? Oder seid Ihr ein Buddhist, daß Ihr in wunderbarer Weise die Toten wieder lebendig machen könnt? Ich biete Euch diese bescheidene Erfrischung an. Verweigert sie bitte nicht.«
Der Meister lachte und sprach: »Unsinn! Das ist nichts anderes als Weibergerede. Wie könnte ich solche Dinge vollbringen!?«

Prinz Yangnyung und die Kisäng

Die Mondstrahlen glitten über die glänzenden Wellen des Lotosteiches im Garten des Statthalters und küßten die tanzenden Lotosblüten im Mitternachtsschlummer. Prinz Yangnyung stand am Rande des Teiches und starrte in den Sternenhimmel. Er sah einen Komet, der am Himmel segelte, dann blickte er wieder auf den Teich und lächelte seinem Schatten zu, der sich vor dem wäßrigen Spiegel abhob.

»Ah«, seufzte er, »ich machte einen Esel aus mir, und nun werde ich alt. Ziellos bin ich viele mühselige Meilen durch das Land gewandert; ein Bambusstab war mein einziger Begleiter und Strohschuhe meine Dienerschaft. Mein jüngerer Bruder Choongnyung ist nun mein König, und ich bin im freiwilligen Exil, fern von Heim und Palast.
An diesem Abend veranstaltete der Statthalter von Pyoungyang ein Kisäng-Fest für mich und gab mir seine Zeremonienhalle als Wohnstatt. Die hübschen Kisängs sangen, tanzten und drückten Weinschalen an meine Lippen. Doch ich mache mir nichts aus Wein und Mädchen. Mir sagt es mehr, diese duftende Luft zu atmen, die von den goldenen Herzen der Lotosblüten strömt. Wie sie doch ihre hübschen Köpfchen schütteln und ihre schlanken Taillen so stolz gegen den Himmel schwingen. Ich fühle meine Jugend zurückkehren, denn mein Herz hüpft vor Freude und tanzt mit den Lotosblüten.«
Nach einer Weile Betrachtung wandte sich Prinz Yangnyung um, um zu seiner einsamen Zeremonienhalle zurückzukehren, als plötzlich ein Hahn krähend über die Hecken schwirrte und direkt auf ihn zustürmte. Ein hübscher Jüngling, gefolgt von einer jungen Frau in weißem Kleid, rannten hinter dem Geflügel her und fingen es bei seinen flatternden Schwingen.
Dann rief der Jüngling: »Schwester, ich werde diesen Hahn töten und zu einer guten Suppe kochen, während du vorausgehst und das Abendmahl für deinen Gatten bereitest. Wir müssen heute seinem hungrigen Geist Speise geben.« — Die junge Frau schluchzte auf und verschwand wieder hinter den Hecken.
Prinz Yangnyung stand eine lange Weile bewegungslos. Die faszinierende Schönheit der jungen Frau im weißen Kleid hatte sein Herz tief gerührt. Er konnte den Zauber des Augenblicks nicht wegwischen und hielt diese schöne Erscheinung in seinen Sinnen fest.
Während seiner langen Wanderjahre hatte Liebe niemals so stark sein armes Herz gerührt. Als ob er auf einem Ballon ritt, brachten ihn seine Füße zu dem Garten hinter der Hecke, und nun stand er unter dem Fenster ihrer einsamen Laube. Durch das Fenster konnte er ihre Stimme sanfte Liebesworte für ihren toten Ehegemahl murmeln hören. Sie

goß Wein in eine Schale, legte Eßstäbchen über ein dampfendes Gericht von Fisch und Gemüse und legte einen Porzellanlöffel auf eine Schale dampfender Suppe. Und sie betete:

»Mein Ehegemahl, speist und seid fröhlich. Ihr müßt hungrig sein, denn seit Ihr hingeschieden seid, brachte ich Euch nur an großen Tagen Nahrung dar: an dieser ersten tragischen Erinnerungsnacht vor einem Jahr und heute, wenn das zweite Jahr rund wird. Mit dem Hahnenschrei wird mich Euer Geist verlassen, und ich werde dieses weiße Witwengewand ablegen. So eßt Euch satt, ehe Ihr Euch wieder auf die Reise in das Lotosparadies macht.« – Sie schluchzte und fiel ohnmächtig auf den Boden.

Prinz Yangnyung sprang in den Raum, rieb ihre Hände und Füße und preßte eine Schale kalten Wassers auf ihre Lippen, bis die Rosen auf ihre Wangen zurückkehrten. Nach einer Weile öffnete sie ihre Augen, setzte sich auf und streifte ihr Haar mit ihrer Lilienhand zurück. Dann murmelte sie:

»Oh, wer seid Ihr? Was brachte Euch her, und wer war der Führer, daß Ihr in das Haus einer einsamen Frau eindringt?«

Prinz Yangnyung antwortete: »Ich bin ein einsamer Reisender von Seoul und nun ein Gast des Statthalters. Ich sah das Wettlaufen nach dem Hahn am Ufer des mondbeleuchteten Lotosteiches, und ich fand einen schöneren Mond und einen süßeren Lotos in Eurer Person. Liebe war mein Führer, die mich über die Hecken hierher brachte. Nun habe ich alles über Euch durch Eure eigene Erzählung erfahren. Und ich liebe Euch mehr für Eure Treue zu Eurem Gemahl. Der Hahn wird bald krähen und Euch von Eurer Witwentracht befreien. Ich liebe Euch, und Ihr müßt mich heiraten.«

Die junge Frau blickte mit Tränen in den Augen zu dem Prinzen auf und sprach mit leiser Stimme:

»Diese außergewöhnliche Liebesszene zeugt von einer merkwürdig starken Beziehung zwischen Euch und mir. Doch ich stamme von einer edlen Familie, und eine zweite Heirat ist mir verboten.«

Prinz Yangnyung antwortete: »Solange ich Euer Ehegemahl bin, wird niemand übel von Euch sprechen.« – Dann

umarmte er ihre schlanke Hüfte, küßte ihre Kirschlippen und murmelte süße Worte. Die junge Frau errötete, berührte ihre goldene Haarnadel mit zarten Fingern und sprach:
»Die Liebe eines Mannes ist nicht in seinem Herzen, sondern in seinen Augen. Wenn Ihr mich so sehr liebt, dann müßt Ihr mir auch ein Pfand Eurer Liebe geben.«
Sie breitete ein seidenes Hemd auf dem Boden aus und rieb chinesische Tinte mit Wasser auf einen Stein, auf dem ein Phönixpaar, Schnabel an Schnabel, eingraviert war. Dann reichte sie ihrem Verehrer den Pinsel.
Prinz Yangnyung fragte: »Wie ist Euer Mädchenname, oh schöne Blume?«
»Ich bin Ta-hong«, antwortete sie, und als sie errötete, schien sie selbst Duft und Blüte zu sein.
»Blütenknospe! Wahrlich ein Name, der wohl zu Eurer Jugend und zu Eurer Schönheit paßt — und zu meiner Ehegemahlin«, sprach der Prinz und schrieb ein Gedicht auf das Seidenhemd. Er rühmte ihre Lieblichkeit und versprach, niemals von ihr zu scheiden, sollten auch die Maulbeerbüsche zur blauen See werden und die blaue See zu Maulbeerbäumen. Ta-hong faltete das Hemd zusammen und legte es in ihre Truhe zurück. Dann wechselte sie ihr Gewand und erschien wieder vor dem Prinzen als Braut gekleidet. In diesem Augenblick hörte man das schrille Krähen eines Hahnes, der bald von all seinen Artgenossen in der Nachbarschaft begleitet wurde. Für den glücklichen Prinzen ertönte es wie Hochzeitsglocken. Bald gingen die Kerzen aus, und der Mond flutete sein warmes Licht über das Gesicht von Ta-hong.
Prinz Yangnyung küßte sie und verbrachte die erste Nacht in schlafloser Freude mit ihr. Vor Tagesanbruch am nächsten Morgen gab der Prinz seiner Ehegemahlin einen Abschiedskuß und ging zurück in seine Zeremonienhalle. Bei Tagesanbruch kamen die Statthalter und ein Bote des Körnigs. Sein Bruder begehrte ihn im Königspalast in Seoul zu sehen.
Einige Tage später erreichte Prinz Yangnyung den Palast, wo der König ein Willkommensfest mit viel Pomp und Feierlichkeit für seinen Bruder bereitet hatte. Die Hofmusik erklang in seltener Harmonie aller Instrumente, während

ausgewählte Schönheiten einen klassischen Tanz begannen. Unter diesen Schönheiten befand sich eine Kisäng, die Ta-hong sehr ähnlich sah. Prinz Yangnyung betrachtete sie immer aufmerksamer. Sein Herz schlug laut und schnell, denn als sie näher kam, konnte er das Gedicht in eigener Handschrift auf ihrem schwingenden Rock erkennen. Der Prinz fiel in Erstaunen und murmelte:

»Es ist wahrlich Ta-hong! Sie folgte mir nach Seoul, so wie alle Frauen ihrem Gatten folgen sollen.«

Ta-hong setzte sich vor dem Prinzen nieder, preßte eine Weinschale an seine Lippen und sang sein eigenes Gedicht, während der König lächelte.

Prinz Yangnyung war in eine Falle gegangen. Er wußte nun, daß er sich in eine schöne Kisäng von Pyoungyang verliebt hatte. Es war eine Falle, die von seinem eigenen Bruder angeregt und von dem Statthalter ausgeführt worden war. Trotzdem heiratete der Prinz – treu seinem Versprechen – Ta-hong. Er bereute es nie, ihre gegenseitige Liebe schwand nicht und wurde nie geringer.

Des Tigers Tadel

Vor langer, langer Zeit, als die Tiger noch lange Pfeifen rauchten und endlose Geschichten erzählten, da lebte in den Bergen ein »Yangban« oder Edelmann, der sich selbst als Meister Book Kwak bezeichnete. Er war ein Gelehrter und von solch hoher moralischer Vollkommenheit, daß ihn jedermann in der Umgebung nur noch ehrfürchtig Dr. Alleswisser nannte und ihn mehr als die Totempflöcke vor den Dörfern verehrte. Er lehrte seine Schüler in einer »Golbang« – einem Schulraum im alten Stil der chinesischen Klassik – orientalische Philosophie und die fünf großen ethischen Prinzipien nach Konfuzius: Verehrung der Eltern, Ergebenheit für den Herrscher, Treue zwischen Freunden, Vorrang für die Älteren und Trennung der Geschlechter.

Und er sagte auch:
»Knaben und Mädchen von mehr als sieben Jahren sollen nicht auf derselben Bank sitzen. Eine tugendsame Witwe soll niemals einen neuen Gatten nehmen, und jeder Mann, der solch eine Witwe wählt, ist ein Dieb, so wie derjenige, der Mädchen entehrt und Frauen raubt.«
Nun lebte in demselben Dorf eine junge Witwe, die ihre Schönheit in vielen knospenden Frühlingen und regenreichen Herbsten verschwendete. Sie stammte aus einer edlen Familie, und deshalb war für sie eine Wiederverheiratung ausgeschlossen. In ihrem weißen Rock und ihrer weißen Jacke sah sie wie eine Birnenblüte aus. Tagsüber kleidete sie sich weiß – als Symbol, daß sie ihrem Gatten, der nicht mehr zu den Lebenden gehörte, die Treue hielt. Jedoch nachts, da legte sie wie eine Braut ihren roten Rock und ihre blaue Jacke an und wälzte sich schlaflos in ihrem Bett und murmelte Worte von Liebe und Leidenschaft.
Ihr freudloses Haus lag nur einen Steinwurf von dem einsamen Raum des Meisters Book Kwak. Durch das Schwingen der Weidenzweige über den Gartenzaun erschien sie ihm wie ein Geist der Lust und Wonne.
Doch sie war zu schön für ihn, um nur als der Schmuck eines Augenblickes genossen zu werden. Meister Book Kwak verliebte sich tief in die schöne Witwe und verehrte sie mit klagenden Augen. Zuerst errötete sie vor Scham, und ihre karmesinroten Wangen wurden röter als die Granatäpfel, die über ihrer einsamen Laube hingen und die ihre diamantenen Herzen in der Junisonne öffneten. Schließlich erhörte sie jedoch ihren Verehrer und traf seine Augen mit einem Seitenblick; das Apfelgranaterröten spiegelte sich auf ihren Wangen. Das Herz von Book Kwak hüpfte vor Freude. Wenn im Dunkel alles ruhig war, dann kletterte er über die Gartenmauer, stahl sich in die Laube und verbrachte die Nacht mit der Witwe. So setzte er seine Besuche für lange Zeit fort.
Eines Nachts zog eine fröhliche Gruppe von Dorfjungen an dem Haus der Witwe vorbei. Sie sahen eine Kerze in der Laube brennen und hörten das Wispern einer männlichen Stimme. Aus Neugierde näherten sich die bösen Knaben der Laube auf Zehenspitzen und lugten durch eine Spalte in dem Reispapierfenster.

Zu ihrem großen Erstaunen sahen sie Meister Book Kwak auf Knien vor der Witwe stöhnen und »Liebe« rufen. Die Lippen der Witwe zuckten, und ihr Körper erschauderte vor Scham und Freude. Sie stieß ihn sanft zurück und sagte: »Oh, zu plötzlich! Zu früh! Der Mond sieht herein, und die Augen des Himmels sehen zu. Ah, die Sterne sehen, sie lachen, sie kichern! Laßt mich doch gehen!« – Doch er faßte ihre Taille nur um so fester.

Die Knaben konnten ihren Augen nicht glauben: eine Liebesszene zwischen Meister Book Kwak, dem edlen Gelehrten und der tugendsamen Witwe! – Sie wichen entgeistert zurück und berieten untereinander. Ein älterer Knabe sprach:

»Dies ist unmöglich. Da drinnen ist ein tausend Jahre alter Fuchs, der die Gestalt von unserem guten Meister Book Kwak angenommen hat. Zweifelsohne wird er die arme Frau diese Nacht töten. Wir haben viele Geschichten von Frauenmördern gehört, die solche Füchse gewesen sind. Laßt uns den Fuchs verprügeln. Wir werden sein weiches rotes Fell für einen Mantel abziehen und sein Fleisch für unser Abendbrot rösten.«

»Nein«, widersprach ein kleiner Junge, »es ist Meister Book Kwak. Seht doch seinen langen Bart, sein schlaksiges Gesicht und sein unverkennbares Muttermal in der Mitte der Stirn.«

»Sei doch still, du Säugling!« bellte der große Knabe. »Was weißt du über Füchse, Frauen und Liebe!?«

Dann ergriff er einen langen Schläger, der zum Zerkleinern von Reis oder Pfeffer verwendet wird, und die anderen Knaben bewaffneten sich mit Knüppeln und Steinen. Mit ohrenbetäubendem Geschrei erstürmten sie die Laube der Witwe, schwangen ihre Waffen und riefen:

»Der Fuchs! Der Fuchs!«

Meister Book Kwak sprang auf und lief in starrender Nacktheit davon, ohne ein einziges Mal auf die nackte Schönheit zurückzusehen, die ihre Kleider ergriffen hatte und um Hilfe schrie.

Book Kwak stieß die Hintertür auf und lief an seinem Heim am Berg vorbei, so schnell ihn seine Füße trugen. Die Knaben folgten ihm auf den Fersen, wobei sie ihm nachriefen und Steine schleuderten. Nach einem Wettlauf hinauf

auf die Hügel und hinunter in das Tal erzitterte der ganze Berg von einem einzigen Echodonner:
»Der Fuchs! Der Fuchs!«
Book Kwak, der um sein Leben gelaufen war, sprang in einen Abflußkanal und schwamm durch seine braunen Wellen. Schließlich war er nur froh, als er auf der anderen Seite das Ufer erklomm und seine Verfolger hinter sich ließ.
Er war erschöpft, lag auf dem Rücken und streckte seine Glieder aus. Er schöpfte nach Luft und stöhnte, denn seine Hände und Füße bluteten von den Stichen der Dornen, und sein Gesicht und Körper waren mit übelriechender Jauche bedeckt.
Book Kwak schloß die Augen und sah auf seine Vergangenheit zurück: »Ah, Meister Book Kwak! Wo bist du nun? Wo bist du gewesen? Was hast du getan? Du berührtest die verbotene Frucht, und dies ist deine gebührende Belohnung. Deiner Witwe Hochzeitsbett ist nun zu diesem grasigen Teppich der Heide geworden. Als Strafe für deine Verzükkung bist du selbst zu einem stinkenden Witwer geworden.«
Er weinte bitterlich und fiel in Ohnmacht.
Gerade dort über dem Hügel, wo Book Kwak so einsam lag, hielt eine Gruppe von Tigern ihr Mahl auf einem großen Felsen. Der große Königstiger rauchte seine lange Pfeife, während er zwischendurch mit gutem Appetit aß und trank. Die kleinen Tiger und Tigerinnen erzählten von ihren Jagdabenteuern und kritisierten ihre Beute, die sie gerade verzehrten und genossen.
Der große Tiger sprach: »Meine Kinder! Eure Geschichten sind alle sehr interessant. Doch hört, was ich euch zu sagen habe. Der Mensch richtet noch viel mehr Unheil an als wilde Tiere. Und vor allem die Yangbans, die sogenannten ›Edlen‹, die privilegierten Reichen, Marionettengelehrten und speichelleckenden Sklaven des Königshofes sind die schlimmsten Diebe, Heuchler, Tyrannen und viel wilder als unsere Tigerfamilie.«
Ein kleiner Tiger fragte: »Mein König! Bedeutet dies, daß ihr Fleisch so verdorben ist wie ihre Seele? Wir fressen nur frisches Fleisch. Sollen wir Menschenfleisch vermeiden?«
»Ich habe von Zeit zu Zeit Menschenfleisch gefressen«, antwortete der Königstiger. »Doch niemals berührten meine Zähne das Fleisch eines eingebildeten Yangbans.«

»Verzeiht, großer König, warum nicht?« fragte der kleine Tiger weiter.
»Weißt du es noch nicht? – Die Yangbans vollbringen die widrigsten Taten, und ihre Bäuche sind voll Fäulnis. Als König aller wilden Tiere verbietet es meine Würde, eine häßliche oder schmutzige Beute zu berühren.«
»Oh, König, wie recht du hast. Lang lebe der König!« riefen alle kleinen Tiger im Chor. – »Da ist ein Geruch!«
»Ein Geruch! Was für ein Geruch? Eure Nasen sind gut«, lobte der Königstiger.
»Da, dort! Ein kleiner Yangban-Dieb versteckt sich hinter einem Baum!« rief ein kleiner Tiger.
»Geht und holt ihn her«, befahl der große Tiger.
Mehrere der kleinen Tiger sprangen auf, liefen zu Meister Book Kwak und schleppten ihn vor den Thron des Königstigers, wobei sie sich jedoch mit ihren Pranken die Nasen zuhielten.
Der Königstiger donnerte den Unglücksraben an: »Du elender Yangban-Dieb! Warum stinkst du in alle vier Winde und warum kommst du hierher in unseren duftenden Palast in den Bergen?«
Book Kwak wurde weiß wie der Tod. Er senkte sein Haupt und berichtete in zitternder Stimme dem Königstiger seine Liebesgeschichte mit der jungen Witwe und sein Mißgeschick, wie ein Fuchs gejagt zu werden. Alle Tiger und Tigerinnen schüttelten sich vor Lachen. Sie klopften sich mit ihren Pranken die Seiten, als ob sie zerspringen wollten. Jedoch der Königstiger wurde ernst und feierlich. Er runzelte seine Brauen und nahm seine lange Pfeife aus dem Maul, während sich sein Schnurrbart im Zorn sträubte. Er klärte seinen Schlund und brüllte wie ein Donner:
»Du honigbeklebter Yangban-Dieb, höre! Ich habe niemals deine Art gefressen, weil ich Schmutz verachte. Nun sehe ich, daß du der schmutzigste aus der Familie der Diebe bist, mit Honigzunge und mit Honig bedeckt! Aus Mitleid schone ich dein Leben, das nur an einem Faden hängt. Der Teufel mag dich holen. Hinweg aus meinem Angesicht und komme mir nie wieder unter meine Augen!«

Quellennachweis

1. *Tae Hung He*: Folk Tales of Old Korea, Yonsei University Press, Seoul 1959
2. *Tae Hung Ha:* The Korean Nights Entertainements Yonsei University Press, Seoul 1970
3. A Classical Novel Chun-hyang, translated by *Chin In-sook*, Korean Center, International P.E.N. Seoul 1970
4. *Hongkee Karl*: Korean Lore, Office of Public Information, Republic of Korea, Seoul 1953
5. *Chu Yo-Sup*: The Forest of the White Cock. Tales and Legends of the Silla Period, Eommun-gag Publishing Company, Seoul 1962
6. *Im Bang and Yi Ryuk:* Korean Folk Tales, Imps, Ghosts and Fairies, translated by James S. Gale, Charles E. Tuttle Company, Tokyo 1963
7. *Edward B. Adams:* Through Gates of Seoul, Trails and Tales of Yi Dynasty, 2 Volumes. Sahmi-Bo Publishing Corporation, Seoul 1971
8. *Andre Eckhardt*: Koreanische Märchen, Missionsverlag St. Ottilien 1925

Ausgewählte Literatur über Korea

1. *Paul S. Crane*: Korean Patterns, Hollym Corporation Publishers, Seoul 1967
2. *Richard Rutt*: Korean Works and Days, Royal Asiatic Society, Korean Branch, Charles E. Tuttle Company, Tokyo 1964
3. Handbook of Korea, *Chae Kyung Oh*, Director, Office of Public Information, Republic of Korea, Pageant Press, Inc., New York 1958
4. *S. M. Yang*: Social Customs in Korea, The University Club, Seoul 1963
5. *Tae Hung Ha*: Folk Customs and Family Life, Yonsei University Press, Seoul 1963
6. *Connelius Osgood*: The Koreans and their Culture, Charles E. Tuttle Company, Tokyo 1951
7. *Yi Kyu-tae*: Modern Transformation of Korea, Sejong Publishing Cie., Seoul 1970
8. *Evelyn Mc. Cune*: The Arts of Korea. An Illustrated History, Charles E. Tuttle Cie., Tokyo 1962
9. *Gari Ledyand:* The Dutch Come to Korea. An Account of the Life of the First Westerners in Korea, 1653—1666. Published by Royal Asiatic Society, Korea Branch in conjunction with Taewon Publishing Company, Seoul 1964
10. Collected Short Stories from Korea, publ. by *The Korean Center of the International P.E.N. Club*, Eomun-Gog Publishing Company, Seoul 1961
11. *In-Sob Zong*: A pageant of Korean Poetry, Taihan Text Book Printing Co. Ltd., Seoul 1963
12. Survey of Korean Arts/Literature, publ. by the *National Academy of Arts*, Seoul 1970
13. *Andre Eckardt*: Geschichte der koreanischen Literatur, W. Kohlhammer Verlag, Stuttgart 1968
14. *Tae-Hung Ha*: Maxims and Proverbs of Old Korea, Yonsei University Press, Seoul 1967